Wilhelm Hankel

JOHN MAYNARD KEYNES

Die Entschlüsselung des Kapitalismus

Mit 7 Abbildungen

Piper
München Zürich

SERIE PIPER
PORTRÄT
Herausgegeben von
Martin Gregor-Dellin und Reinhard Merkel

ISBN 3-492-15239-2
Originalausgabe
November 1986

Umschlag: Federico Luci
Gesamtherstellung: Clausen & Bosse, Leck
Printed in Germany

Inhalt

Einleitung
Keynes – zwischen Science und Fiction 7
Der Streit: Keynes, ein Keynesianer? 11
Die Vision: Von der Preis- zur Einkommensökonomie, von Wohlfahrtsstaat und Weltwirtschaft 38
Die Utopie: Freiheit der Wirtschaft durch Beherrschung ihres Geldes – Globalsteuerung, Zinsen, Multiplikatoren 77
Der Spiegel: Zeit und Mann
Bio- und Bibliographisches 96
Warum diese Krise, Mr. Keynes?
Ein fiktives Gespräch des Autors mit John Maynard Keynes 116

Anhang
Zeittafel 153
Anmerkungen 155
Auswahlbibliographie 161
Personenregister 163
Bildnachweis 169

Einleitung
Keynes – zwischen Science und Fiction

»John Maynard war unser Steuermann,
Aushielt er, bis er das Ufer gewann.«
Theodor Fontane

Wer porträtiert, sei es mit Pinsel, Linse oder Schreibmaschine, bildet nicht nur etwas ab, er bildet sich auch etwas ein: daß nämlich seine Art, einen Menschen zu sehen, sein Lebenswerk zu deuten, die richtige sei. In diesem Sinne ist jede Lebens- und Werkbeschreibung, selbst die wissenschaftlichste, eine Fiktion, freilich eine, die durch Fakten, Quellen und beglaubigte Überlieferung gedeckt sein muß. Wenn sie zudem postum erfolgt, enthält sie zwangsläufig ein Element der Bild- oder wohl richtiger der Imagekorrektur, der Auseinandersetzung mit dem Werk selbst und seiner Wirkung. Es ist das Recht jeder Nachwelt, einen für sie wegweisenden Toten so zu sehen und abzubilden, wie sie ihn sieht – als Anwalt ihrer Sorgen, Probleme und Interessen.

Das hier vorgestellte Keynes-Bild ist daher typisch für unsere Zeit, nicht unbedingt für die seine. Aber ähneln die Krisenphänomene unserer Zeit, Gesellschaft und Wirtschaft nicht denjenigen, die Keynes zu seiner Zeit, im ersten Drittel des 20. Jahrhunderts, ebenso neuartig wie umfassend analysierte? Ist die Weltwirtschaft nicht wieder einmal gestört? Zeigt sich die Soziale Marktwirtschaft – diese speziell für das westliche Deutschland nach Chaos und Barbarei von NS-Staat und zweitem Weltkrieg neu entdeckte und neu befestigte soziale Errungenschaft – nicht wieder einmal von ihrer unsozialen Seite? Zwar ist der Beschäftigungsgrad inzwischen leicht angestiegen, eine deutliche »Wende« zum Besseren zeichnet sich ab; wovon aber ist sie abhängig, wie lange kann und wird sie noch währen? Noch immer reicht die Zahl der offenen Stellen nicht aus, um allen Arbeitswilligen einen Arbeitsplatz zu bieten, der ihren Fähigkeiten und Wünschen entspricht. Noch immer ist das Keynes-Thema der Vollbeschäftigung auch das unsrige. Was also liegt näher, als Keynes, den großen, für manche (den Autor eingeschlossen) sogar größten Ökonomen dieses Jahrhunderts, zu Wort kommen zu lassen, um zu erfahren, wie er unsere Krise gemeistert hätte, welche Ratschläge und Remeduren er uns Heutigen zu bieten hätte? Nicht einmal seine zahlreichen Gegner nämlich bestreiten, daß er wie kein anderer vor, neben und nach ihm unser ökonomisches Weltbild aufgehellt und bereichert hat. Dies gilt für die komplizierten Zusammenhänge zwischen Geldmenge, Zins und Beschäftigung ebenso wie für den Einfluß der Weltwirtschaft auf die nationalen Volkswirtschaften oder für die Wirkungsweise des wirtschaftspolitischen Instrumentariums, das den nationalen Regierungen zur Bekämpfung von Wirtschaftskrisen zur Verfügung steht. Man muß natürlich zugeben, daß Parallelen keine Identitäten sind; kein Flußlauf netzt uns immer wieder mit demselben Wasser. Was jedoch gleich bleibt, auch wenn Strömung und Wasserstand sich ändern, sind das Flußbett und die Uferbegrenzung. Keynes selbst hielt den Ablauf des wirtschaftlichen Geschehens nach kapitalistischen Grundsätzen, die wir heute marktwirtschaftlich nennen würden, für unverzichtbar. Konsumentensouveränität, freie Geldvermögensdisposition und freie Investitionsentscheidung waren für ihn nicht nur ein funktionaler Garant marktwirtschaftlicher und somit effizienter Ressourcenlenkung und -beschäftigung; sie waren für ihn das ökonomische Pendant der politischen Freiheit, das materielle Unterpfand der Menschenwürde, ein Wert an sich. Seit Keynes hat die Nationalökonomie als politisch-moralische Wissenschaft den Auftrag, zu untersuchen, wie das Recht auf Selbstverwirklichung von der Einkommensseite her realisiert werden kann. Keynes richtete daher sein Hauptaugenmerk auf die kapitalistische Flußlaufregulierung, das heißt auf eine marktwirtschaftliche Prozeß- und

Ordnungspolitik sowie deren innere Zusammenhänge; denn erst der regulierte Fluß, der möglichst wenig oder gar nicht über die Ufer tritt, entfaltet seine volle Stromstärke und bewegt die Räder, die er bewegen soll, ebenso zuverlässig wie optimal.

Keynes war also das Gegenteil eines Systemüberwinders. Er war des Kapitalismus kompetentester Nachhilfelehrer, der dessen Mechanik und Spielregeln perfekt beherrschte. Trotz seines überragenden Intellekts, der ihn auf eine Stufe mit seinem berühmten Zeitgenossen Albert Einstein stellt, war Keynes niemals ein realitätsblinder und in seine Modelle verliebter Illusionist. Er erwies sich gleichermaßen als vorzüglicher Manager und politisch engagierter Forscher, der sich nur für eine Sache interessierte und engagierte: dem Kapitalismus den Wolfsgeruch der Inhumanität zu nehmen. Er selbst verglich sich mit einem sozialen Zahnarzt; er wolle des Kapitalismus schmerzende Zähne nicht ausreißen, sondern versorgen und kurieren. Sein Image leidet jedoch bis heute darunter, daß er sich als Lebender wie als Toter jeweils die falschen Freunde und Feinde machte. Die Linken reklamierten ihn als zweiten, besseren Karl Marx, weil er es ihnen ermöglichte, ihren Frieden mit der Sozialen Marktwirtschaft zu schließen. Die Rechten verketzern ihn noch immer als Feind der Marktwirtschaft, weil er diese auf nicht zu verwirklichende Ziele wie Vollbeschäftigung, sozialen Ausgleich und Einbettung in eine weltwirtschaftliche Friedensordnung festgelegt habe. Die heute tonangebenden ökonomischen Schulen, die sich im übrigen ohne ihn gar nicht hätten profilieren können, wollen ihn jener Fehler überführen, die sie zwar selbst ständig begehen, er aber niemals begangen hat, nämlich »unverzeihlicher Geldillusion« und eines »irrationalen Menschenbildes«. Das keynesianische Gedankengut hat sich mittlerweile zu einem Glaubensbekenntnis verdichtet. Genau dagegen aber hat sich Keynes selbst zeitlebens gewehrt; er steht somit im Widerspruch zu seiner eigenen Anhängerschaft, den Keynesianern.

Ich trage mit dem hier vorgelegten Keynes-Bild eine persönliche Dankesschuld ab. Ich habe viel von Keynes gelernt, freilich nur aus seinen Schriften, die ich im folgenden, wo immer möglich, im Original sprechen lasse (und zwar in eigener Übersetzung, nicht in der seiner wenigen deutschen Ausgaben), sowie aus der mündlichen Überlieferung derjeniger meiner Lehrer, die ihn noch persönlich gekannt haben. Was die Sekundärliteratur zu Keynes betrifft, so habe ich mich vorwiegend auf angelsächsische und neuere deutsche Veröffentlichungen gestützt. Wer ist schon gegen Einseitigkeiten der Textauswahl und Interpretation gefeit?

Mein Freund und Studiengenosse Heinz König, ein größerer Keynes-Kenner als ich, hat sich der unendlichen Mühe unterzogen, mein Keynes-Bild auf Werk- und Quellentreue hin abzuklopfen. Wenn ich gleichwohl nicht all seine Anregungen und Korrekturen übernommen habe, dann nur deshalb, weil ich im Zweifel meinen Keynes porträtieren wollte, nicht seinen. Für alle subjektiven und objektiven Mängel dieses Versuches, die mir kompetentere Keynesianer nachsehen mögen, haftet daher einzig und allein der Verfasser.

Der Streit: Keynes, ein Keynesianer?

»Wenn man als politisches Tier geboren ist, ist es höchst unbehaglich, nicht zu einer Partei zu gehören; es ist kalt, einsam und unbefriedigend [...]«

Keynes in *Am I a Liberal?*

John Maynard Keynes ist seit 40 Jahren tot. Er starb am 21. April 1946, kurz vor Erreichen seines 63. Lebensjahres. Sein Hauptwerk, *The General Theory of Employment, Interest and Money*, erschien vor 50 Jahren (1936) gleichzeitig in England und in den Vereinigten Staaten. Seitdem ist Keynes der sowohl meistzitierte als auch umstrittenste Ökonom unserer Zeit. Fast alles aus seinem Werk beschäftigt noch heute Wissenschaft und Politik: seine ordnungspolitische Vision eines Kapitalismus mit sozialer Verantwortung, einer Marktwirtschaft, die nicht nur steuert, sondern auch gesteuert wird, sein wirtschaftspolitisches Konzept, für das Karl Schiller die Formel von der Globalsteuerung der Wirtschaft prägte, und seine gesamtwirtschaftliche Theorie, die eine Mischung aus monetärer und realer Analyse, Preis- und Einkommenstheorie, Nachfrage- und Angebotsökonomik darstellt und gleichermaßen auf nationale Volkswirtschaften wie auf die Weltwirtschaft, auf entwickelte wie auf unterentwickelte Nationen angewandt werden kann. Sie ist allgemein und allumfassend, zugleich aber auch nur ein Torso oder bestenfalls der Entwurf für eine politökonomische »Weltformel«.

Keynessches Gedankengut ist zum integralen Bestandteil des ökonomischen und politischen Weltverständnisses der Gegenwart geworden. Ökonomische Theorie und Politik, die tägliche

Diskussion um Marktwirtschaft, Vollbeschäftigung, Wirtschaftswachstum und Wende ist ohne Keynes und seine Botschaft, beziehungsweise das, was man heute dafür hält, nicht mehr vorstellbar. Allerdings ist sich die politische Ökonomie immer noch nicht ganz schlüssig, wie sie ihr Eigenprofil gegenüber Keynes gewinnen soll: in Ablehnung oder in Übereinstimmung mit ihm.

Längst hat Keynes den Rang eines ökonomischen Klassikers erreicht. Diese Bezeichnung hatte er ironischerweise seinen Gegnern zugedacht, allerdings nur deshalb, weil er zu höflich war, sie als das zu bezeichnen, wofür er sie hielt, nämlich als respektable, aber dennoch verstaubte Gipsköpfe. Inzwischen steht er selbst auf jenem Podest, das die Wissenschaft denen errichtet, die wirklich bedeutendes Wissen geschaffen haben. Keynes teilt dessen schmale Plattform mit nur zwei Vorläufern und Kollegen, die gleich ihm Weltökonomen höchsten Ranges waren: mit Adam Smith und Karl Marx. Keynes' Lebenswerk wirft jedoch völlig andere Probleme auf als dasjenige seiner beiden großen Antipoden. Weder Smith noch Marx leisteten sich den Luxus der Unparteilichkeit. Smith, der Erzvater des Wirtschaftsliberalismus, ergriff Partei gegen den Staat und seine Wirtschaftspolitik. Letztere hielt er für völlig überflüssig. Der Markt werde sich schon selbst regulieren. Marx hingegen, der Prophet der markt- und klassenlosen Gesellschaft, ergriff Partei gegen den einzelnen und sein Eigentum. Er »löste« das Problem der Ressourcenlenkung und -verteilung durch zentrale Planung, noch heute das Staatsemblem des real existierenden Sozialismus. Für Smith und Marx zahlte sich die Parteinahme gleichermaßen aus. Ihre Kirchen können sich bis heute auf zahlreiche Gläubige stützen, die aus ihren Lehren »Kapital« schlagen: Smith' Anhänger wörtlich, Marx' Anhänger politisch.

Keynes' Anhänger und Gegner haben es ungleich schwerer, denn ihnen wurde kein wegweisendes Motto vorgegeben. Wofür steht nun der Name Keynes? Er steht für ein Sowohl-als-auch aus Markt und Politik, jedoch gegen eine zentrale Planung. Die keynesianische Globalsteuerung der großen volkswirtschaftlichen Aggregate und Ausgabenblöcke des privaten und öffentlichen Konsums, der Investitionen, der Exporte und Importe und so weiter gibt zwar die Richtung der marktlichen Entscheidungsfreiheiten vor, hebt diese aber niemals und nirgendwo auf. Antikeynesianismus, nicht Keynesianismus, ist daher das Produkt eines Verwaltungs- und Lenkungsstaates, der das für die Marktwirtschaft typische Prinzip einer dezentralisierten Entscheidungsfindung aufheben und beseitigen möchte. Der Name Keynes steht nämlich eindeutig gegen jede die Funktionsgrundlagen der Marktwirtschaft gefährdende Übertreibung wirtschaftspolitischer Lenkung. Keynes liegt nicht in der Mitte zwischen Smith und Marx, sondern stellt beider Alternative dar. Er unternahm den Versuch, einen Kapitalismus zwischen Markt und Plan zu konzipieren und dabei das Schlechteste aus beiden Welten zu vermeiden, trotz freier Preisbildung ohne Krise und mit Hilfe einer intelligenten Globalsteuerung der Wirtschaft ohne ihre stupide Totalplanung auszukommen.

»In the long run sind wir alle tot.« Mit dieser in den ökonomischen Büchmann eingegangenen Floskel wehrte Keynes schon zu Beginn seiner Laufbahn diejenigen kritischen Stimmen ab, die ihm vorwarfen, seine Analysen seien allesamt kurzfristiger Natur und seine wirtschaftspolitischen Empfehlungen zielten immer nur auf Sofort- oder Kurzheileffekte ab[1]. »In the long run« sind wir jedoch alle »Keynesianer« geworden; denn eine andere Wirtschaftsform und -ordnung als die wirtschaftspolitisch gesteuerte Marktwirtschaft können wir uns nur noch als abschreckendes Beispiel etwa der vergangenen NS-Staat-Zeiten oder der noch immer präsenten östlichen Fehlplanung und Mißwirtschaft vorstellen. Umstritten ist aber nach wie vor, wie weit diese wirtschaftspolitische Steuerung gehen solle, könne oder dürfe und wie sie konkret zu gestalten sei: Reichen Sozialprodukt und Volkseinkommen aus, oder können und sollten sie gesteigert werden? Wenn ja, wie ist das zu erreichen? Durch geld- oder fiskalpolitische Maßnahmen? Durch mehr Nachfrage? Oder vielleicht durch Angebotsaufstockung via Investitions- und Importsteigerungen? Woraus resultiert Arbeitslosigkeit? Aus zu hohen Löhnen, unzureichender Binnennachfrage oder einem falschen Wechselkurs gegenüber den Währungen jener Länder, die unsere Exporte aufnehmen sollen?

Natürlich stellte man sich all diese Fragen auch schon vor Keynes. Seit Keynes aber können die Antworten hierauf von Post- wie von Antikeynesianern nur noch unter sorgfältiger Trennung ihrer *einzel-* und *gesamt*wirtschaftlichen Aspekte gegeben werden. Zwar hat Keynes den Unterschied zwischen Mikro- und Makroökonomie nicht erfunden, aber er hat den Rubikon, der die eine von der anderen ökonomischen Ebene und Betrachtungsweise trennt, deutlicher erfaßt und tiefer ausgelotet als jeder Ökonom vor ihm, nämlich auf analytischem, therapeutischem und philosophischem Wege. Seit Keynes darf niemand mehr sagen, geschweige denn davon überzeugt sein, daß das, was gut für General Motors ist, schon allein deshalb auch gut für die Vereinigten Staaten sein müsse. Wer heute noch behauptet, daß das Gemeinwohl nichts anderes sei als die mathematische Summe aller Individualnutzen, welche auf richtig getroffenen, das heißt mikrorationalen Einzelentscheidungen basieren, ist entweder selbst ein Dummkopf oder ein die Dummheit seiner Mitmenschen bewußt einkalkulierender, wenn nicht sogar ausbeutender Interessent.

»Die Ideen der Ökonomen und politischen Philosophen sind mächtiger, als man vermutet. In Wahrheit regieren sie die Welt. Praktiker, die sich frei jeglichen Einflusses wähnen, sind in aller Regel irgendeines verrückten Ökonomen Sklaven. Wahnwitzige Machthaber, die Stimmen in der Luft hören, destillieren ihr Gebräu aus dem Stoff, den ihnen einige akademische Tintenkleckser früherer Zeiten geliefert haben. Ich bin sicher, daß, verglichen mit dem sich nur allmählich verbreitenden Einfluß von Ideen, die Macht der etablierten Interessen gröblich überschätzt wird.«

So faßte Keynes seine Botschaft in den letzten Sätzen des Schlußkapitels seiner *General Theory* zusammen.

Der große Unterschied zwischen mikro- und makroökonomischer Betrachtungsweise wird vor allem dann deutlich, wenn Keynes auf sein zentrales Thema zu sprechen kommt: das Geld. Der Keynessche Geldbegriff ist für die einen, die Keynes nicht nur verehren, sondern auch richtig interpretieren, zum Apfel der Erkenntnis, für jene aber, die ihn ablehnen oder einseitig auslegen, zum permanenten Zankapfel geworden. Die Schwierigkeit liegt, wie so oft, in der Sache selbst. Offenkundig ist Geld für den einzelnen ein höchst wertvolles Gut. Wer Geld hat und / oder laufend welches dazuverdient, kann sich (fast) alles leisten: Er kann leben, wie und wo er will, kann sein Geld ausgeben, wofür es ihm beliebt, oder es pro futuro sparen. Geld als das Gut mit dem höchsten Liquiditätsgrad (man kann es jederzeit für jede käufliche Leistung in Zahlung geben) sowie Geld als Vermögensspeicher für die Zukunft hat daher für den einzelnen einen – privaten – Wert *an sich* und ergo auch einen Preis, nämlich den Zins.

Der Zins aber hat, wie jede Geldmünze, eine Vorderseite und eine Rückseite. Für den, der die Münze hat, stellt der Zins ein Entgelt dafür dar, daß er zeitweilig auf ihren Besitz verzichtet, seine Liquidität ausleiht. Für den, der die Münze gerne hätte, einen zwar ideenreichen, aber mittellosen Investor dagegen, bedeutet der Zins die Eintrittskarte für das Stadion, in dem die Unternehmer ihre Wettkämpfe austragen um die für die investitorische Verwendung zur Verfügung stehenden Ressourcen an Sach- wie Humankapital, Produktionsmitteln wie Arbeitskräften.

Das Geld trennt und bindet somit gleichzeitig Sparer und Investor; es trennt sie, weil der Sparer nicht selbst investieren, der Investor nicht selbst sparen muß, und es bindet sie, weil der Sparer zum Kreditlieferanten des Investors, der Investor zum Zinsverdiener des Sparers wird. Beide zusammen bilden die sowohl interpersonale wie intertemporale Geldgesellschaft, in der die Geldforderungen der einen die Geldschulden und -verpflichtungen der anderen abgeben.

Aber die Sache hat zwei Haken. Der erste, theoretisch schwer zu begreifende besteht darin, daß das Geld für den einzelnen ein »Vermögen«, für die Gesellschaft dagegen nur einen »durchlaufenden Posten« darstellt, ein Paradoxon, das jeden Buchhalter, Bundesfinanzminister und jede Hausfrau perplex machen muß – denn ihr Geld *ist* ihr Vermögen. Der zweite, politische Haken besteht darin, daß die Zinsvorstellungen der Sparer und Investoren divergieren können und es zumeist auch tun. Sparer, die zu verliebt in ihre nicht nur abstrakt und theoretisch zu wertende

Liquidität sind, lassen sich diese »Liquiditätsvorliebe« nur durch hohe Zinsen abkaufen. Sind aber die Zinsen zu hoch, dann schrecken sie die Investoren ab wie ein zu hoher Preis der Eintrittskarte vom Stadionbesuch. Weil das Geld vom einzelnen und der Gesellschaft – wegen seiner unterschiedlichen Funktionen – auch unterschiedlich bewertet wird, am unterschiedlichsten zwischen Sparern (Kreditlieferanten) und Investoren (Kreditnehmern), kommt es über das Geld zu permanenten Störungen des Marktablaufs, und zwar überall innerhalb des geld- und marktwirtschaftlichen *Gesamt*systems und nicht nur an Einzelmärkten wie denen für Hosenknöpfe oder Arbeitskräfte. Es ist just diese monetäre Nahtstelle zwischen mikro- und makroökonomischer Deutung und Bewertung der Geldfunktionen, an der Keynes' neue Wirtschaftslehre anknüpft – und das nach über 3000jährigem Geldgebrauch!

Viele haben sie im ersten Überschwang als eine »Revolution« des ökonomischen Denkens gefeiert, vergleichbar der kopernikanischen in der Astronomie und der Einsteinschen in der Physik. Keynes' Werk jedoch stellt, anders als das Kopernikus' oder Einsteins, keinen Bruch mit dem Denken seiner Vorgänger dar, sondern dessen Fortentwicklung. Es handelt sich also vielmehr um eine »Evolution« denn um eine »Revolution«.

Keynes' Vorgänger – er nannte sie respektvoll-ironisch »Klassiker«, weswegen sich deren antikeynesianische Nachfolger weniger ironisch als respektvoll selbst als »Neoklassiker« bezeichnen – entwarfen eine ganz und gar makroökonomische Geldtheorie. Hierin liegt ein merkwürdiger Bruch zu ihrer ansonsten mikroökonomisch fundierten Theorie der »realen« Güter- und Arbeitsmarktgleichgewichte, die sich stets bei einzelwirtschaftlich »richtigen« Preisrelationen herausbildeten. Für die »Klassiker« war der einzelne Geldbenutzer nicht etwa daran interessiert, sein Geldeinkommen und sein Bankkonto so rational wie möglich zu bewirtschaften, sondern er nahm das Geld gar nicht wahr. Er betrachtete und bewertete sein Geld – wie die Gesellschaft – als bloßen Durchlaufposten. Er verfiel daher bei Inflation weder in Panik und floh in die Sachwerte, noch übertrieb er bei Deflation das Investitionsrisiko und floh in die Geldwerte. Aufgeklärt wie er war, schrieb er vielmehr Geldmengenveränderungen lediglich (nominale) Preis-, aber keine (realen) Produktions- oder Beschäftigungseffekte zu.

Diese Freiheit von jeglicher »Geldillusion« sollte sich, wie Keynes zeigte, als die größte und folgenschwerste aller klassischen Illusionen erweisen. Denn Massenarbeitslosigkeit – gleichviel, ob durch ein Überangebot an Arbeitskräften oder eine Unternachfrage nach Arbeitskräften ausgelöst – konnte somit nach klassischer Lesart nur einen Grund haben: zu hohe Löhne. Wenn nämlich Gesamtangebot und -nachfrage immer übereinstimmten, weil ja weder eine zu große Liquiditätsvorliebe Nachfrage zum Verschwinden und wegen ihrer zinssteigernden Wirkungen Investoren zur freiwilligen Selbstaufgabe veranlassen konnte, blieb ja gar keine andere Erklärung für das, was plötzlich da war, aber nicht sein durfte, übrig als die: Die Gewerkschaften sind an allem schuld! Hätten sie nicht durch ihre einseitige und »theoriewidrige« Verteuerung der Löhne diese aus dem Gesamtkontext aller Preise und Kosten herausgerissen und damit den Abbau von Beschäftigung unvermeidlich gemacht – ein Arbeiter, der seinen Lohn nicht mehr verdient, kann auch nicht länger beschäftigt werden –, dann wäre auch die Vollbeschäftigung niemals gefährdet gewesen oder gefährdet worden. Eine »Beweisführung«, die uns merkwürdig bekannt vorkommt, denn so, als ob es nie eine keynesianische Aufklärung gegeben hätte, argumentieren die Neoklassiker (vor, während und nach allen politischen Wenden im Westen) kein bißchen anders als ihre klassischen Väter und Großväter. Aber eben falsch!

Im Gesamtkontext der Geld-, Volks- wie Weltwirtschaft kann niemand ausschließen, daß in früheren, glücklicheren Perioden verdiente Geldeinkommen als Geldnachfrage ausfallen, entweder in nationalen oder internationalen Geldhorten oder -fallen versickern, zum Beispiel weil die Geldanlage außer Landes (in US-Dollar, Yen, Schweizer Franken oder welcher attraktiven oder bankgeheimnisgeschützten Währung auch immer) interessanter erscheint als die Verzinsung im eigenen Land. Dann aber liegt es an fehlerhafter Globalsteuerung oder -politik, wenn die effektive Gesamtnachfrage nicht mehr alle verfügbaren arbeitswilligen Humankapitalressourcen beschäftigt.

Gegen die Reduktion des Produktionsfaktors »menschliche Arbeitskraft« auf eine reine Gütermarktkategorie hatte schon Marx protestiert. Auch Keynes leugnete nicht, daß Ausbeutung, Pauperismus und Arbeitslosigkeit aus Macht-, Privilegien- und Systemmißbrauch resultieren können. Aber, so meinte er, sie könnten auch das Ergebnis einer auf falschen Annahmen und Auslegungen beruhenden wissenschaftlichen Diagnose und Therapie sein, genauso wie zum Beispiel ein kreislaufkranker Patient darunter leidet, wenn ihm der Arzt irrtümlicherweise Blut abzapft, anstatt welches zuzuführen.

Genau diesen Vorwurf machte Keynes den Klassikern. Er hielt sie nicht für Anwälte oder Handlanger des Großkapitals, sondern schlicht für irrende und daher in die Irre führende Wissenschaftler. Wenn Geld, wie allgemein bekannt, als Tauschmittel wie als Vermögensspeicher einen Eigenwert besitzt, und wenn jedermann sein Geld nach unternehmerischen Gesichtspunkten verwendet, um das Beste für sich daraus zu machen, etwa dergestalt, daß er sein überschüssiges, nicht für die Finanzierung des laufenden Konsums benötigtes Geld anlegt oder hortet, dann liegt in der subjektiv so vernünftig erscheinenden Geldvermögensdisposition all der unzähligen einzelnen Wirtschaftssubjekte ein objektiv weder zu erfassendes noch im voraus abzuschätzendes Nachfrageverschiebungspotential.

Die freie Gelddisposition des einzelnen – ein unveräußerliches Grundrecht der Marktwirtschaft – macht diese zwar jeder anderen Wirtschaftsform überlegen, weil sie ihre Produktivität aus der Freisetzung der unversieglichsten Quelle bezieht: der menschlichen Kreativität. Aber gerade das macht sie nachfrage- und steuerungsabhängig, nicht etwa, weil die Menschen nicht wüßten, was sie mit ihrem Geld anfangen können, sondern im Gegenteil, weil sie es zu gut wissen. Je entwickelter die Geldwirtschaft würde, desto sorgfältiger müßte auf Ausbau und Verfassung ihrer Institutionen geachtet werden – und das Wissen ihrer Agenten. »Was versteht denn schon ein Zentralbankpräsident, Finanzminister oder Bankvorstand vom politischen Dynamit der

Sache, die ihm anvertraut ist – dem Gelde?« fragte Keynes sich und andere mehr als einmal. Sein *Traktat über Währungsreform (Tract on Monetary Reform)* von 1923 ist denn auch »bescheiden und ohne Erlaubnis« diesen Herren gewidmet. Aber obwohl Geld Keynes' Lebensthema war und blieb, gelang ihm erst spät, im 21. Kapitel der *General Theory* von 1936, die für sein Anliegen zentrale und zeitlose Gelddefinition:

»Die Bedeutung des Geldes rührt im wesentlichen daher, daß es ein Verbindungsglied zwischen Gegenwart und Zukunft darstellt.«

Diese Geldanschauung liefert den Schlüssel zu Keynes' Theorie und politischer Botschaft. Gehen wir zu weit, wenn wir sagen: Sie dient der Entschlüsselung des Kapitalismus?

Denn sie reduziert – gedanklich, analytisch – des Kapitalismus, oder neutraler der Marktwirtschaft Krisen- und Steuerungsprobleme auf die zentrale Abstimmung dreier »Zinssätze«, mit denen Sparer, Investoren und Arbeitnehmer (wenn sie es auch unbewußt tun) ihre Zukunft und die mit ihr verknüpften Erwartungen, Hoffnungen, Befürchtungen ausdrücken und abdiskontieren. Der Sparer sorgt sich um den Wert seines Geldvermögens, und je mehr er sich sorgt, desto *höher* fällt der Zins aus, mit dem er sich seine Liquidität abkaufen läßt. Der Investor macht sich Gedanken um sein Risiko, und je kritischer er es bewertet, desto *niedriger* fällt der Zins aus, den er für Kreditaufnahme und die (Fremd-)Finanzierung seiner Investitionen zu zahlen bereit ist. Der Geld- und Kapitalmarkt aber, der zwischen beiden divergierenden Zinsvorstellungen vermitteln soll, kann weder beiden Seiten noch der Gesellschaft garantieren, daß sie voll auf ihre Kosten kommen. Ein zu hoher (sparfreundlicher) Zins macht aus Unternehmern Unterlasser, couponschneidende Rentiers, in Wertpapieren investierende Sparer oder Quasibankiers. Ein zu niedriger (investorfreundlicher) Zins verschreckt den Sparer als Kreditlieferanten; er streikt oder liefert ins Ausland.

Die Gesellschaft bezahlt also die Kampfdrohung ihrer beiden tragenden Geldparteien entweder mit Inflation – wenn der Zins zu niedrig – oder mit Depression – wenn der Zins zu hoch ermittelt wird. Sie kann sich somit weder auf ihre Geld- und Kapitalmärkte noch die hinter ihnen stehenden und sie munitionierenden Banken verlassen. Sie bedarf eines ebenso neutralen wie starken und erfahrenen Schlichters – des die Geldwirtschaft kontrollierenden Staates oder seines wichtigsten Geldagenten, seiner Zentralbank. Aber obwohl Keynesianismus weder ohne starken Staat noch ohne eine sachkundige, kompetente Zentralbank zu verwirklichen ist, ist er in der historischen Realität der letzten 50 Jahre stets an diesen beiden Erfüllungsgehilfen gescheitert.

Keynes' Schuld? Oder die der den Meister (absichtlich oder aus Irrtum?) mißverstehenden Amts-Keynesianer?

Der dritte Zins, den die Eigentümer des Humankapitals, also die Arbeitnehmer, für die zeitweilige Ausleihung ihrer Arbeitskraft und -leistung verlangen – denn auch der Arbeitslohn ist ein Zins und kein Preis, jedenfalls seit Abschaffung der Sklaverei –, mag zwar bei den Entscheidungen des einen oder anderen Einzelunternehmers entscheidend dafür sein, mehr oder weniger oder vielleicht anders, nämlich in eine arbeitskräftesparende Technik zu investieren, niemals aber für die Unternehmerschaft als Ganzes. Im makroökonomischen Einkommenskreislauf stellen die Arbeitslöhne nämlich den größten, wichtigsten und stabilsten Posten des gesamtwirtschaftlichen Nachfragepotentials dar. Nur derjenige Teil der Lohneinkommen, der gehortet oder im Ausland angelegt wird, geht der Güternachfrage verloren. Warum also, so fragte Keynes, solle man in Krisenzeiten gerade dieses so stabile und verläßliche Reservoir effektiver Güternachfrage durch Lohnkürzungen, wie die Klassiker vorschlugen, destabilisieren? Ein solches vermeintliches Stabilitätsopfer könne doch nur zu einem weiteren Nachfrageausfall und damit zu einer noch größeren Verunsicherung der Investoren und Sparer führen. Die Krise würde sich ausweiten, anstatt beigelegt zu werden, die Arbeitslosigkeit würde weiter zunehmen, die Gefahr von sozialem Unfrieden und Systemverdrossenheit werde heraufbeschworen. So oder ähnlich äußerte sich Keynes nicht nur als Autor seiner wissenschaftlichen Bücher und Aufsätze in akademischen Fachzeitschriften, sondern auch als Verfasser streitbarer Leitartikel in der Tagespresse oder als politischer Berater.

Keynes bereitet seiner Anhängerschaft noch immer in dreierlei Hinsicht Probleme. Die erste Schwierigkeit ergibt sich aus seiner Lehre. Keynes' Botschaft, die sowohl Analyse wie Politik, nämlich die Möglichkeiten zur Steuerung der gesamtwirtschaftlichen Aktivitäten von Sparern und Investoren, Arbeitgebern und Arbeitnehmern, umfaßt, läßt sich mit Hilfe seiner drei Zinssätze und ihrem allenfalls per Zufall störungs- und krisenfrei funktionierenden Zusammenspiel erklären. Nur wenige seiner Schüler allerdings und schon gar nicht die Legionen seiner Feinde, die ihn für überlebt, irrend oder sogar gemeingefährlich halten, sehen ihn so, wie er sich selbst sah, nämlich als Monetaristen. Dieser Monetarismus ist freilich von einer ganz anderen Art als der, der sich inzwischen so nennt. Keynes ist kein »Nachfrageökonom«, gegen den man eine neue Ökonomie, genannt »Angebotsökonomie«, ausspielen könnte. Wer wie Keynes neben der freien Geldvermögensdisposition den unternehmerischen Investitionskalkül in den Mittelpunkt seiner wirtschaftswissenschaftlichen Diagnose und wirtschaftspolitischen Therapieempfehlungen stellt, dürfte wohl über diesen unhaltbarsten aller Vorwürfe erhaben sein.

Der reale, dynamische, Angebot und Nachfrage verknüpfende Investitionsansatz durchzieht wie ein roter Faden das gesamte Keynessche Werk der zwanziger und dreißiger Jahre. Später, in den weltwirtschaftlichen Positionsanalysen und Neuerungsvorschlägen zur Weltwährungsordnung, die Keynes in den vierziger Jahren für die von ihm vorbereitete Bretton-Woods-Konferenz von 1944 ausarbeitete, wird dieser binnenwirtschaftliche Analyseansatz durch einen außenwirtschaftlichen ergänzt: Wechselkurs- und Entwicklungshilfepolitik werden als Incentive-, beziehungsweise Finanzierungsinstrumente einer Angebotsvermehrung durch Importsteigerung angesehen.

Ebenso abwegig wie der Vorwurf, Keynes vernachlässige die Angebotsseite im gesamtwirtschaftlichen Prozeß, ist die Behauptung seiner unversöhnlichsten Gegner, er sei ein unverbesserlicher »Geldillusionist«. Seine auf billiges Geld, das heißt niedrigen Zins sowie auf staatsschuldenfinanzierte Beschäftigungsprogramme gerichteten Depressionsbekämpfungsempfehlungen griffen nur dann, wenn sich Arbeitnehmer und Gewerkschaften als auf beiden Augen inflationsblind erwiesen. Auch dieser Vorwurf läßt sich nicht halten. Keynes beweist im zweiten Kapitel seiner *General Theory,* daß Arbeitnehmer und Gewerkschaften ihre Reallöhne gar nicht selbst bestimmen *könnten,* weil das Preisniveau nicht von ihnen, sondern von anderen, nämlich dem Staat und den Unternehmern, festgelegt werde. Ferner *müßten* sich Arbeitnehmer und Gewerkschaften jeder Senkung von Geldlöhnen aus zweierlei Gründen widersetzen: erstens, weil makropolitisch andernfalls die Stabilisierung der Gesamtnachfrage gefährdet sei, und zweitens, weil sich nur so die volkswirtschaftliche Reallohnquote auf die einzelnen Reallohnempfänger aufteilen lasse. Jeder wirtschaftspolitische Akteur aber solle sich auf die Instrumente als Waffen beschränken, über die er in seinem Zeughaus verfüge und deren Einsatz er beherrsche. In der *Treatise on Money* (1930) konstatiert Keynes, daß »die Waffe einer Zentralbank in der Fähigkeit besteht, die Zinssätze und allgemein die Kreditbedingungen zu ändern«; sie habe nur die Wahl, die Waffe entweder zur Stabilisierung des inneren Preisniveaus oder des außenwirtschaftlichen Gleichgewichtes einzusetzen – alles andere sei Illusion. In der *General Theory* (1936) setzt er den Diskurs fort: Die Waffe der Gewerkschaft sei die kollektive Festsetzung von Geld- und nicht von Reallöhnen – alles andere sei ebenfalls Illusion. Einer solchen Illusion unterliegen aber weder er selbst noch die Arbeitnehmer oder ihre Gewerkschaften. Weil jedoch völlig unklar sei, wie stark, wenn überhaupt, eine Geldlohnsenkung auf das Reallohnniveau und damit auf den Arbeitsmarkt durchschlage, keine andere Zinswirkung somit so unsicher sei wie diejenige des Humankapitalzinses auf die Beschäftigungssituation, verlasse man sich lieber auf die bekannten und einigermaßen berechenbaren Wirkungen der Geld- und Fiskalpolitik auf Sparerzins und Investitionsertragserwartungen, auf Einkommen und Beschäftigung.

Im Mittelpunkt der Analyse dieser Effekte steht Keynes' bekanntes Multiplikatortheorem, jene Formel, die angibt, um wieviel ein durch Zinssenkung oder Deficit-spending ausgelöster Erstinvestitionsanstoß zusätzliche Einkommens- und Beschäftigungssteigerungen auslöse. Wie ein ins Wasser geworfener Stein Welle auf Welle hervorruft, auch wenn diese in ihrer Intensität nachlassen, so zieht die erste Investitionsrunde eine zweite, dritte, vierte und so weiter nach sich, bis am Ende die nicht mehr verunsicherten Sparer und die in ihren Erwartungen bestätigten Investoren jenes Zinstreppen- und Spar-Investitionsgleichgewicht herstellen, das genau das Volkseinkommen und genau die effektive Gesamtnachfrage hervorruft, welche wiederum die »volle« Beschäftigung aller Human- und Realkapitalpotentiale zu den erwünschten Ertragssätzen gewährleisten. Zwischen den Ergebnissen der Keynesschen Makro- und der (neo-)klassischen Mikroökonomik besteht also ein leicht einsehbares Komplementaritätsverhältnis: Erst wenn die Keynesschen Makrodaten, insbesondere seine Zinssätze, stimmen, können die klassischen beziehungsweise neoklassischen Mikroentscheidungen politisch erwünschte Ergebnisse zeitigen. Erst der Keynesianismus macht Klassik und Neoklassik analytisch richtig und politisch akzeptabel.

Das Ergebnis der klassischen und neoklassischen Preis- und Kostentheorie ist somit ein Spezialfall der Keynesschen Makroökonomik, der immer dann eintritt, wenn das gesamtwirtschaftliche Wachstumspotential ausgeschöpft ist und zusätzliche Nachfrage-, Einkommens- und Zinsanstöße nur noch inflatorische Preis-, aber keine realen Produktions- und Beschäftigungseffekte mehr zuwege bringen. Verständlich, daß diese Sicht der Dinge Keynes und seinen Keynesianern schmeichelte, seinen klassischen und neoklassischen Gegnern hingegen weniger. Keynes sei der ökonomische Einstein, der seinen in der Newtonschen Physik befangenen Widersachern großmütig erlaube, ihre Gravitation der Marktkräfte wenigstens als Leitbild einer Vollbeschäftigungswelt weiterzuverwenden – so spottete schon Keynes' alter klassischer Lehrer und späterer Kollege A. C. Pigou.

In der Tat machte Keynes sowohl unnötige wie fragwürdige Kompromisse in Richtung einer sogenannten »neoklassischen Synthese« (P. A. Samuelson). So ließ er insbesondere die Frage offen, ob nicht die altehrwürdige, noch aus vorklassischer Zeit überkommene »Quantitätstheorie des Geldes«, der zufolge von

Schwankungen des Geldvolumens – angesichts einer als konstant zu unterstellenden Geldumlaufsgeschwindigkeit – nur Preis- und keinerlei Produktions- und Beschäftigungseffekte (also keine Mengeneffekte) ausgehen, in einer vollbeschäftigten Wirtschaft nicht wieder voll gelte; hiermit rehabilitierte er die alte klassische Unterscheidung zwischen Geldwirtschaft einerseits und Güterwirtschaft andererseits und öffnete so der neoklassischen Verdrängung seiner wichtigsten Erkenntnis, daß nämlich Güter- und Geldkreislauf nicht zu trennen seien, Tür und Tor.

Dabei war es Keynes gewesen, der nachgewiesen hatte, daß man sich die Geldumlaufsgeschwindigkeit wegen der auf- und abschwellenden Liquiditätspräferenz verunsicherter Sparer niemals als langfristig verläßliche Konstante vorstellen dürfe. Und es war Keynes gewesen, der gezeigt hatte, daß in einer zu geringen Geldmenge und demzufolge zu hohen Geld- und Kreditzinsen die Hauptursache für eine unzureichende Güternachfrage, Potentialauslastung und Beschäftigung liege. Keynes' Erkenntnisse behalten auch in einer Vollbeschäftigungssituation ihre Gültigkeit, und es bestand somit kein Anlaß, sie in Frage zu stellen.

Indem Keynes die Hauptsätze seines in Widerlegung der klassischen Güter- und Preisökonomik entwickelten Kreislaufmonetarismus für die Situation und Konstellation der wiedergewonnenen Vollbeschäftigung relativierte, wenn nicht gar zurücknahm, verwirrte er, anstatt zu klären, und bewies einmal mehr, daß Erfinder oder Künstler selten die kompetentesten Interpreten ihrer bahnbrechenden Innovationen und Werke sind.

Viele seiner Schüler machten aus dem Monetaristen Keynes den »Fiskalisten«; sie deuteten seine Kreislaufökonomik als preis- und zinslose Saldenmechanik, den Ökonomen und Wirtschaftspolitiker als Schleusenmeister, der mit einer Ventilöffnung hier, einer Schräubchendrehung dort für den gewünschten Nachfragefluß und seine angemessene Stromstärke zu sorgen habe. Keynes, ein Sozialingenieur? Gerade Keynes' eleganteste Verknüpfung von Gelddisposition der privaten Haushalte und Investitionsentscheidung der Unternehmer, sein Multiplikatortheorem, das die Abhängigkeit zwischen Zins, Einkommen und Beschäftigung einerseits und gesamtwirtschaftlichen Größen wie Nachfrage und Potentialauslastung andererseits anstatt von Lohnhöhe oder »vernünftigem« Verhalten der Gewerkschaften exemplifizierte, diente den Keynesianern als Handlungsanleitung und Rechtfertigung für einen buchstäblich bodenlosen Staatsinterventionismus, als Einbahnstraße für sich kumulierende Staatsausgaben – und Staatsverschuldungsquoten. Keynes' theoretischer Kompromißfrieden mit der Quantitätstheorie des Geldes spielte einem neuen, antikeynesianischen Monetarismus den Ball geradezu vor die Füße. Wenn Inflation das keynesianische Ergebnis einer zu hohen Beschäftigung und demzufolge auch zu großen Geldmenge sei, dann geht es in der Wirtschaftspolitik offenkundig darum, beides zu reduzieren. Aber gerade diesen Zusammenhang hatte Keynes ja mit dem Stichwort »Geldillusion« abgetan und als unrealistisch widerlegt. Mit der Geldmenge nämlich würden sich auch die unterschiedlichen Zinsvorstellungen von Sparern, Investoren und Arbeitnehmern wieder verändern und die Beschäftigung gefährden.

Keynes, der Philosoph, Mathematiker und Erkenntnistheoretiker, der er von Jugend an am liebsten geblieben wäre, hatte in seinem Buch *Treatise on Probability,* an dem er länger als an irgendeinem anderen Werk, nämlich von 1906 bis 1921, geschrieben hatte und das sein Freund B. Russell, noch bevor es gedruckt vorlag, als wegweisend für seine eigenen Arbeiten bezeichnete, längst die Grenzen allen quantitätstheoretischen Denkens erkannt. Der Sozialforscher beschäftigt sich nicht wie der Naturforscher mit toter Materie, deren Reaktionen und Verhalten in gleichbleibender Versuchsanordnung ebenfalls konstant bleibt; er hat es mit lebenden Menschen und deren in Zeit und Raum veränderlichen Reaktionen und Widerständen zu tun, mit unberechenbaren Einzelfällen, die lediglich im statistischen Kollektiv und Durchschnitt eine »wahrscheinliche« Richtung und Wiederholbarkeit zeigen. »Man muß ständig auf der Hut sein, das Material als konstant und homogen zu behandeln«, warnte Keynes jene eifrigen Modelltheoretiker, die alsbald nach dem Erscheinen der *General Theory* seine zukunftsdunklen und ergo nur wahrscheinlichen Zinserwartungen in vorprogrammierbare Ausgabenblöcke und Angebotsaggregate umzusetzen begannen[2]. Der Besitz von Geld gaukelt dem einzelnen wie dem Kollektiv der Geldbenutzer eine berechenbare Zukunft vor, die es nicht gibt.

Die Keynessche »Unschärferelation« läßt sich – wie die Einstein-Heisenbergsche – jedoch eingrenzen: erstens durch logisch feststellbare Zusammenhänge wie den, daß des einen Ausgaben des anderen Einnahmen sind, sowie zweitens durch massenpsychologisch beobachtbare und statistisch überprüfbare Annahmen über wirtschaftliche Verhaltensweisen wie die, daß aus einem höheren Einkommen auch mehr gespart wird, weswegen jede Wohlstandsgesellschaft in dem Maße, wie ihr Wohlstand steigt, auch immer mehr investieren muß.

Die Parallelität zu Einstein ist in der Tat verblüffend. Einsteins Griff nach den kleinsten Naturbausteinen, den Atomen und ihrer Zusammensetzung, machte diese weder faßbar noch sichtbar, dafür aber berechenbar. Keynes Griff nach den großen gesamtwirtschaftlichen Aggregaten, Volkseinkommen, Investition und Beschäftigung, machte auch diese für das einzelne Wirtschaftssubjekt weder faßbar noch sichtbar, aber seine Dispositionen und Aktionen wurden berechenbar. Es lernte seine wirtschaftliche Umwelt, ihre Struktur und Eigengesetze besser kennen und erfassen. So gesehen verschaffte Keynes dem Einzelskipper im Ozean der kapitalistischen Strömungen Leuchtfeuer, Richtgrößen und Orientierungspunkte. Das ist besser als nichts. In seiner *Treatise on Probability* machte Keynes deutlich, daß sich diejenigen im Irrtum befinden, die seinen makroökonomischen Analysen, bloß weil sie nicht mikroökonomisch hergeleitet werden, Relevanz und Berechtigung absprechen. Lehnen wir eine Landkarte als unbrauchbar ab, weil unser Haus nicht in ihr verzeichnet ist? Sie hilft uns bereits weiter, wenn wir unsere Stadt, unser Dorf, unsere Straße auf ihr wiederfinden.

Die zweite der oben genannten Schwierigkeiten resultiert aus der ersten: Eine so allgemein gehaltene theoretische Botschaft läßt sich kaum auf einen eindeutigen politischen Nenner bringen, und zwar weder auf einen gesellschaftlichen noch auf einen parteipolitischen. Mit Keynes läßt sich ein freiheitlicher, die Marktwirtschaft bejahender Sozialismus begründen, dem die Vorstellung zugrunde liegt, daß das gemeinsam erwirtschaftete und durch Globalsteuerung auf Höchstniveau gehaltene Sozialprodukt nicht nur für alle da ist, sondern auch für alle reicht, sofern man sich nur politisch über seine friedliche Verteilung einigen kann – mit oder ohne Konzertierte Aktion der autonomen Sozialpartner am »runden Tisch der kollektiven Vernunft« (Karl Schiller). Die demokratische Linke des Westens verdankt es Keynes, daß sie Marx abschwören und ihren Frieden mit der Sozialen Marktwirtschaft machen konnte.

Mit Keynes lassen sich aber auch die Grenzen des Sozialstaates markieren. Diese sind dort erreicht, wo die Deckungsgrundlage aller monetären und sozialen Ansprüche, das Sozialprodukt, nicht mehr genügend wächst oder vielleicht sogar schrumpft, so daß die Mittel für Konsum und Umverteilung diejenigen für Wachstum und Kapitalbildung aufzehren, an dem Punkt also, an dem gesamtwirtschaftliche Ersparnis und Investition relativ oder absolut zurückgehen. Mit dem Nachfrageökonomen Keynes läßt sich auch nur so lange gegen die Unterbeschäftigung der verfügbaren Human- und Realkapitalressourcen kämpfen, bis diese vollbeschäftigt sind. Mit dem Angebotsökonomen Keynes läßt sich sowohl gegen eine zyklische Überforderung des verfügbaren Produktionspotentials als auch gegen dessen strukturelle Unterentwicklung angehen, weswegen Keynes nicht nur in der Ersten, sondern auch in der Dritten Welt zu Hause ist.

Doch damit nicht genug: Lange bevor andere die Grenzen und Kosten des Wachstums auf den Konten Natur und Lebensqualität entdeckten, entwarf Keynes in seinen *Economic Possibilities of our Grandchildren* (1930) ein ebenso faszinierendes wie idyllisches Zukunftsbild, das in krassem Gegensatz zu der grimmen *Schönen, neuen Welt* seines überspannten Freundes Aldous Huxley stand. Keynes beschreibt eine Welt heiterer Arkadien, in der technische Heinzelmännchen die Arbeit verrichten, die Menschen ihr Leben zwischen Natur und Kultur verbringen, die finsteren Götter der Knappheit – Mammon, Prometheus und Vulkan – so tot und begraben sind wie die Arbeits- und Ressourcenkonflikte der Vergangenheit. Arbeit sei weder das ganze noch das halbe, sondern ein Hundeleben, das es zu überwinden gelte. Diese frohe Botschaft fand allerdings weit weniger Beachtung als die finstere Vision Huxleys; dieser nämlich meinte, daß Freizeit nicht die Qualität, sondern die Stupidität des Lebens vergrößere, nicht die Freiheit befördere, sondern die Abhängigkeit.

Keynes kann somit weder als Kapitalist noch als Sozialist und am allerwenigsten als Technokrat abgestempelt werden. Sein Ideal einer menschenwürdigen Gesellschaft skizzierte er freilich nur am Rande. Das erste Mal geschah dies 1925, als er, noch jung verheiratet, mit seiner Frau, einer Russin, deren Familie in der Sowjetunion besuchte:

»Ich kritisiere den doktrinären Sozialismus nicht deswegen, weil er versucht, die altruistischen Impulse der Menschen in den Dienst der Gesellschaft zu stellen; nicht weil er einem Mann das Recht verwehrt, eine Million zu verdienen, und auch nicht, weil er kühn darauflos experimentiert. All dem könnte ich zustimmen. Ich kritisiere ihn, weil er verkennt, worum es wirklich geht, weil er sich kein besseres Ziel steckt als das trübselige Überleben eines Planes, noch dazu eines Planes, der die Probleme der letzten 50 Jahre auf der Grundlage jener Mißverständnisse zu lösen versucht, denen jemand vor annähernd 100 Jahren aufgesessen ist.«

So kommentierte er bissig seine Eindrücke vom real existierenden Sozialismus, wie er ihn auf seiner Hochzeitsreise erstmals persönlich erlebte[3]. Sein Honeymoon mag schuld an den teilweise etwas verwirrenden Datierungen sein. »Die Probleme der letzten 50 Jahre« sind die Alltagssorgen der kommunistischen Gegenwart, und die »Mißverständnisse [...], denen jemand vor annähernd 100 Jahren aufgesessen ist«, sind die des Karl Marx, der aber erst in Keynes' Geburtsjahr 1883 in London gestorben war. Sein humanes Weltbild und Urteil wurde durch diese Bekanntschaft mit dem real existierenden Sozialismus bestätigt. Seine Vorstellung von der einzig erstrebenswerten, humanen Gesellschaft skizzierte er gegen Ende der *General Theory*: Sie sei von Grund auf individualistisch, getragen von den Vorteilen marktwirtschaftlicher Effizienz und Dezentralisation, aber so gesteuert, daß ihre »Defekte und Mißbräuche« behoben seien. Sie sei freiheitlich, weil sie jedem einzelnen die »persönliche Freiheit«

und die »Freiheit zu entscheiden« garantiere. Sie sei weder grau noch eintönig, da sie jedem »ein Leben in Abwechslung« und im Einklang mit dem »Erbe der Väter« ermögliche[4].

Diese Vision klingt ebenso nobel wie vage. Sie liegt jedoch weit ab von den beiden Klischees »Jeder ist seines Glückes Schmied« und »Im Falle eines Falles, der Staat zahlt wirklich alles«.

Keynes, wörtlich genommen, müßte also eigentlich für alle Parteien und ökonomischen Schulen der auf Demokratie und Marktwirtschaft festgelegten bürgerlichen Gesellschaft Leitbild und Richtschnur sein. Er ist der Staatsphilosoph des Jahrhunderts, der stets nur einen Feind hatte: den marxistischen Kommunismus. Aber just dieser Standort wird ihm verweigert. Keynes, der den Beruf des Ökonomen mit dem eines Zahnarztes verglich[5], von dem man Schmerzbefreiung, nicht Sinngebung erwarte, erlebte das Gegenteil. Diejenigen, die er, wie die Herren der kapitalistischen Kommandozentralen, von ihren Schmerzen befreien wollte, verbaten sich seine Behandlung. Einem Salonbolschewisten wie ihm sei nicht über den Weg zu trauen. Diejenigen, die er, wie die sozial Schwachen und Kranken, mit einem besseren Gebiß versorgen wollte, damit auch sie zubeißen könnten, machten ihn zum Erfinder des Krankenscheins. Die Regierenden, denen er seine Botschaft »bescheiden und ungefragt« gewidmet hatte, beurteilten ihn, wie sie einst Sokrates beurteilt hatten: Er habe wie kein anderer zwar nicht die Jugend, aber die unteren Schichten verdorben; er habe jene Pandorabüchse der Rechte ohne Pflichten und der Anspruchsinflation geöffnet, der nur die Geldinflation folgen könne, samt ihres »Nachwuchses« an Krise, Arbeitslosigkeit und Unzufriedenheit mit der Gesellschaft. Nichts würden die Menschen ihren Systemen und Politikern weniger verzeihen als geweckte, aber enttäuschte Hoffnungen, womit die Krise der Gesellschaft zu einer Dauererscheinung und -gefährdung werde. Es ist schwer zu sagen, was die Kritik aus dem rechten politischen Spektrum an Keynes mehr bewegt: die Sorge um die gesellschaftliche Stabilität oder die Angst all derer, die Führungspositionen innehaben, ein Aufklärer könnte Herrschaftswissen als Stammeshäuptlingsideologie entlarven.

»Es war ein zu teurer Luxusartikel, zumal für ein Land, das

[gemeint ist England] von weltökonomischem und politischem Abstieg bedroht war und dem er nicht riet, in Würde zu überleben [...] [Deswegen] gehört er, gleich jenen anderen großen Denkern der Menschheitsgeschichte, des Verbrechens gegen die Menschheit angeklagt.«

So giftete noch lange nach seinem Tod und lange vor Margaret Thatchers Wende einer seiner unerbittlichsten Kritiker: H.G. Johnson[6].

Den Ausgleich findet der tote Ökonomie-Sokrates in seinen zahlreichen linken Platons und Platonows, die sein Lebenswerk verklären, ihn nicht nur wie eine Ikone vor sich hertragen, sondern für alles, was ihnen vorschwebt, von Investitionslenkung bis zu Räteherrschaft, von Verstaatlichung der Zentralbank bis zu weltwirtschaftlicher Abkoppelung, das passende Keynes-Zitat aus dem schier unerschöpflichen Steinbruch seiner gesammelten Schriften herausklauben. Dem lebenden Keynes aber war dieser Applaus von links zeitlebens verdächtig. Er wollte das Denken in den Schalt- und Kommandozentralen des Kapitalismus, in City und Treasury, verändern, nicht unbedingt den Untergrund mit intellektuellen Pflastersteinen zum Einwerfen von Fensterscheiben beliefern. Der britischen Labour Party stand er mit äußerster Skepsis gegenüber.

»Es ist eine Klassenpartei, und ihre Klasse ist nicht die meine [...]. Viel zuviel wird [in ihr] immer von denen entschieden werden, die überhaupt nicht wissen, worüber sie reden. Und wenn – was nicht unwahrscheinlich ist – die Kontrolle der Partei von einem selbstherrlichen inneren Kreis ergriffen werden sollte, so würde sie im Interesse des äußersten linken Flügels ausgeübt werden, jenes Teils der Labour Party, den ich als Katastrophenpartei bezeichnen will.«[7]

So notierte Keynes 1926 mitten im großen Bergarbeiterstreik, den zu verhindern er sich durch die Veröffentlichung zahlreicher Pamphlete bemüht hatte. Dennoch mußte er erleben, wie eine, nämlich die Labour-Partei- und Streikleitung einen Krieg eröffnete, den sie gar nicht gewinnen konnte.

Ob er sie nun geliebt hat oder nicht, die Linken, nicht die Rechten haben Keynes zur Unsterblichkeit verholfen. Seine alte

Garde, die heute links steht und lieber (aus-)stirbt als sich zu einem realistischen Keynesianismus bekehren läßt, hält zwar zäh und konsequent an seinem Kapitalismus mit menschlichem Antlitz fest, aber um den Preis von zuviel Staat in der Wirtschaft. Krisen, die die Finanzierungs- und Belastungsgrenzen des sozialstaatlichen Systems bloßlegen, rechtfertigen nach Keynes durchaus Einschränkungen des Sozialstaates, niemals aber seine völlige Preisgabe; denn eine Gesellschaft, die sich entsolidarisiert, indem sie soziale Kosten und Risiken (von Kinderausbildung bis Altenfürsorge, Arbeitsplatzsicherung und Pensionsgestaltung) aus finanziellen Gründen wieder zur Privatsache erklärt – so als ob wir noch in Großfamilien oder einer Stammesgesellschaft lebten –, fällt tiefer zurück als bloß ins politische Biedermeier. Sie zersetzt sich, wenn sie glaubt, den Rechtsstaat vom Sozialstaat abkoppeln zu können. Das politische Gut der Freiheit läßt sich nicht in der sozialen Einheitsgesellschaft verwirklichen, in der Starke und Schwache, Erwerbstätige und zur Erwerbslosigkeit Verurteilte denselben »Schutz« genießen, ebensowenig, wie sich die Rechte von Rauchern und Nichtrauchern im Einheitsabteil wahren lassen.

Es ist schwer zu sagen, was die politische Linke an »ihrem« Keynes mehr fasziniert: die Übereinstimmung in den Grundfragen der gesellschaftlichen Werte oder die Tatsache, daß er sie aus der Isolierzelle des Marxismus befreit und es ihr ermöglicht hat, den Weg von Gotha nach Godesberg zu finden.

Man trägt weder zur Klarheit noch zum Konsens über Keynes und Keynesianismus bei, wenn man sein Zentralargument, daß sich Marktwirtschaft und marktwirtschaftliche Lenkung in Form von wirtschaftspolitischer Globalsteuerung nicht ausschließen, sondern bedingen, zur schieren Illusion erklärt. Dies geschieht zum Beispiel dadurch, daß die Ultras aller politischen Lager der Wirtschaftspolitik ganz allgemein jede Effizienz und positive Wirkung absprechen. Rechte Fundamentalisten wollen nur noch den Markt gelten lassen, weil Wirtschaftspolitik angeblich grundsätzlich falsch sei und die Marktergebnisse nur verzerre. Linke Fundamentalisten lehnen den Staat als Reparaturbetrieb des Kapitalismus ab, weil sie eine andere Wirtschaft als die Marktwirtschaft wollen – aber welche? Grüne Fundamentalisten verwechseln das eigentliche Übel unserer Zeit, nämlich unsaubere Technologien, mit der Geschäftsgrundlage unseres sozialen Friedens, dem ausreichenden wirtschaftlichen Wachstum.

Auch Keynes' alte Garde nützt weder sich noch der wissenschaftlichen Legitimierung ihrer Sache, wenn sie darauf beharrt, zeitlose sozialstaatliche Ziele mit den von ihm vorgeschlagenen zeitbezogenen Instrumenten verwirklichen zu wollen. Die Erde hat sich nicht nur seit Keynes' Tod bewegt, sondern auch schon zu seinen Lebzeiten. Je allgemeiner des Meisters Theorie wurde, desto konkreter, spezieller und zeitbezogener mußten seine Therapien werden. Was die Originalschriften von Keynes betrifft, so kann man gar nicht deutlich genug unterscheiden zwischen dem allgemeinen Hintergrund seines theoretischen Systems und der konkreten Nutzanwendung oder den Empfehlungen für den wirtschaftlichen Alltag. Keynes erscheint deswegen einmal als Advokat flexibler, dann wieder fixierter Wechselkurse, mal plädiert er für eine Dominanz der Geld- über die Fiskalpolitik, dann wieder für das Gegenteil – nicht weil sich seine Meinung geändert hätte, sondern weil die wirtschaftliche Situation einem steten Wandel unterworfen ist. Wenn sich Fakten und Daten verändern, ändert das nicht die Theorie, sondern ihre Anwendung. Keynes läßt sich daher nicht nur aus seinen Schriften exhumieren und rekonstruieren. Es ist notwendig, auch die wirtschaftliche Konstellation seiner Zeit, aus der heraus seine Analysen entstanden sind, in die Betrachtung miteinzubeziehen. Postmortale Keynes-Kritik und -Apologetik vermitteln daher nur sehr selten einen authentischen Keynes. Meistens wird Keynes zur Rechtfertigung, Verdeutlichung und Absicherung unkeynesianischer Positionen zitiert und mißbraucht. So gibt es zum Beispiel einen US-Super- oder Rüstungskeynesianismus insbesondere in der Reagan-Ära, der Deficit-spending und Wechselkurs-laisser-faire zu gigantischer öffentlicher und außenwirtschaftlicher Schuldenmißwirtschaft denaturiert und so eine Krise hervorruft, die zwar immerfort vertagt, eines (gänzlich unerwarteten) Tages dann aber dennoch ausbrechen wird. Ähnliches gilt auch vom Stabilisierungskeynesianismus des Internationalen Währungsfonds (IWF) gegenüber den Staaten der Dritten Welt, denen Transferbelastungen aufgebürdet werden, die jedwedes Binnenwachstum ihrer Realeinkommen und der Beschäftigung ausschließen. Zwar sind die Statuten des IWF (in Grenzen) keynesianisch; sie stammen aber aus einer Zeit und Situation, in der die Weltwirtschaft noch anders aussah. Das gilt auch für jene nationalen Autonomiekeynesianismen, die immer dann hervorgekramt werden, wenn linksdemokratische Regierungen Wahlen mittels Beschäftigungsprogrammen analog der der dreißiger Jahre gewinnen wollen. Aber erstens hat Keynes selbst immer wieder daran erinnert, daß seine *General Theory* bei »offener außenwirtschaftlicher Flanke« (Karl Schiller) andere Maßnahmen und Remeduren vorsieht als bei geschlossener; zweitens hat Keynes seinem nationalen Vollbeschäftigungsmodell in der geschlossenen Wirtschaft jenes Weltmodell der Vollbeschäftigungssicherung nachgeschoben, das auf einer kühnen neuen Weltwährungsverfassung basiert. Wäre diese tatsächlich in Bretton Woods verwirklicht worden, dann wäre der Weltwirtschaft von heute wohl manches erspart geblieben: die floatenden Wechselkurse, die eruptierenden Zinsen, die eskalierenden Auslands- und Devisenschulden. Doch davon später.

Die dritte Schwierigkeit mit Keynes, dem Mann, dem Forscher, dem eigenwilligen Autor, liegt in ihm selbst. Bietet er doch Freund wie Feind gleich zwei Interpretationsschwierigkeiten auf einmal.

Die erste liegt in der (zumal für einen Professor) fast schon unseriösen Buntheit seiner Vita, der Bewegtheit seines Forscherlebens als Ökonom, Mathematiker und Philosoph, als Beamter, Manager und Spekulant, als Mäzen, Sammler und praktizierender Landwirt, als Wirtschaftsprofessor, der lieber als Wirtschaftsjournalist und politischer Ghostwriter arbeitete und als Kollege den Umgang mit Künstlern und begabten Studenten dem mit seinen Fakultätskollegen vorzog.

Die zweite ergibt sich folgerichtig aus seiner Art des Forschens und Schreibens, insbesondere seiner Unart, das einmal Geschriebene grundsätzlich nie mehr zu überarbeiten. Keynes war und ist der Antityp eines J. St. Mill oder P. A. Samuelson, die sich von Auflage zu Auflage steigerten und korrigierten. Keynes' zahllose Artikel, Pamphlete, Essays und Bücher sind Ausgaben erster und letzter Hand, die *General Theory*, ein Weltbestseller in Millionenauflage und zahlreichen Nachdrucken, ein Unikat. Wenn Keynes glaubte, ein Problem falsch gelöst zu haben, wie es zum Beispiel bezüglich des in der *Treatise on Money* (1930) dargestellten Zusammenhangs zwischen Sparen und Investieren der Fall war, so schrieb er ein neues Buch, auch wenn er sich darin nicht nur ergänzte, sondern widersprach. Entdeckte Keynes neue Probleme, die sich aus den alten, bereits gelösten ergaben, wie zum Beispiel die von Inflation und außenwirtschaftlichem Ungleichgewicht als Folgen von Voll- oder Überbeschäftigung, dann setzte er die alten Theoreme als bekannt voraus und ergänzte und verfeinerte sie durch neue. Aus diesem Grunde erschließt sich der »ganze« Keynes nur dem, der seine letzten drei Werke als Einheit begreift. In der *General Theory* von 1936 entwickelte er das Vollbeschäftigungskonzept einer geschlossenen Volkswirtschaft mit gegebenem Ressourcenpotential; Inflation, technischer Fortschritt und Ungleichgewichte der Zahlungsbilanz wurden vernachlässigt. In seinem Buch *How to Pay for the War* von 1939, das aus einer furiosen Artikelserie für die *Times* in den ersten Tagen des zweiten Weltkriegs hervorging, untersuchte er im selben Modell das Phänomen der Inflation. In den *Proposals for an International Clearing Union* von 1941–43, seiner aus zahlreichen (teilweise wegen der Notwendigkeit der Geheimhaltung selbstgetippten) Treasury-Memoranden erwachsenen Blaupause für die spätere Weltwährungsordnung von Bretton Woods, die trotz ihrer Verwässerung durch seine »US-Freunde« seine Handschrift nicht verleugnete, wechselte er Modell und Standort. Der Nationalökonom wurde zum Weltökonomen und beantwortete die Frage, wie sich »seine« nationalstaatliche Wachstums-, Beschäftigungs- und Stabilisierungspolitik in ein weltwirtschaftlich geordnetes System einfügen lasse, wie aus dem sozialen Frieden der einen Nation ceteris paribus der aller Nationen geformt werden könne, die diese eine Weltwirtschaft bilden, ohne nur einige oder gar eine von ihnen zu privilegieren.

In der Trias der letzten drei Werke (*General Theory, How to Pay* und *Proposals*) fließt alles zusammen, was Keynes vorher an Einzelproblemen behandelt hat: die Folgen des Versailler Karthagofriedens von 1919, den er hellsichtig wie kein anderer als die Aufforderung zum nächsten, zweiten Weltkrieg bezeichnete (was ihn prompt seine Karriere als hoher Beamter der Treasury kostete und ihm die Diffamierung seitens seiner Landsleute eintrug, ein Agent der Deutschen zu sein)[8], die verhängnisvollen Konsequenzen der deutschen Reparationslasten und ihrer falschen kommerziellen Finanzierung durch Überschuldung, die Gründe für Englands Abstieg als Weltökonomie trotz des gewonnenen ersten Weltkriegs, die Abwehr importierter Depressions- und Inflationstendenzen unter den rigiden Regeln des Goldstandards der Zwischenweltkriegsperiode, das theoretisch unmögliche Phänomen der Massenarbeitslosigkeit zuerst in England, später in Deutschland, die Versöhnung von Volkswirtschaft und Weltwirtschaft ohne Preisgabe der nationalstaatlichen Währungs- und Beschäftigungsautonomie und -stabilität. Keynes, der in seinem Forscherleben kein Problem seiner Gegenwart ausgeklammert oder unanalysiert gelassen hatte, der es vorzog, konkrete, wirtschaftspolitisch umsetzbare Problemlösungen anzubieten, anstatt systematische Antworten zu geben – worin er sich fundamental von Smith und Marx unterscheidet –, wurde ab der *General Theory* der große, konsistente und bis heute in seiner Kompetenz unerreichte Kapitalismusanalytiker. Genau dieses Ziel aber hatte er von Beginn an anvisiert. E. A. G. Robinson, Schüler, Kollege und späterer Mitherausgeber des *Economic Journal,* dem Keynes als »editor in chief« von 1911 bis zu seinem Tode 1946 den Rang der führenden wirtschaftswissenschaftlichen Zeitschrift der Welt verlieh, bezeugt dies:

»Es ist schwierig, nicht beeindruckt zu sein von der Konsistenz seiner strategischen Ziele: der Vollbeschäftigung der Ressourcen, dem Zahlungsbilanzausgleich für alle Nationen, und zwar durch Methoden, die nicht im Widerspruch zum Vollbeschäftigungsziel stehen; und als Mittel auf dieses Ziel hin ein System der Wechselkurse, das die Vorzüge ihrer Festigkeit und Verläßlichkeit auf kurze Sicht mit den Vorteilen ihrer längerfristigen Veränderbarkeit kombiniert, während zugleich die Zinswaffe das

Hauptinstrument der [nationalen] Vollbeschäftigungspolitik abgibt [...]. Ich bin davon überzeugt, daß ein sorgfältiges Studium Keynes als einen Mann ausweist, der konsistent und beharrlich an seinen strategischen Zielvorstellungen festhielt und trotzdem außerordentlich in seinen taktischen Vorstellungen blieb, wie diese Ziele zu erreichen und durchzusetzen waren.«[9]

Läßt sich die Summe einer Lebensleistung auf einen kürzeren und imponierenderen Nenner bringen?

Der visionäre, utopische Schwung des Keynesschen Denkens läßt sich weder übersehen noch bestreiten. Keynes' Freunde und Gesprächspartner waren die großen Sozialphilosophen seiner Generation: G. E. Moore, dessen *Principia ethica* sein Leben mehr bestimmten als die Bibel, sowie später H. G. Wells, B. Russell, G. B. Shaw und A. Huxley. Sieht man von Moore, seinem zweiten geistigen Vater, ab, so ist es schwer zu entscheiden, wer wem mehr gab – er ihnen oder sie ihm. Keynes' Vision eines menschenfreundlichen Sozialhauses, in welchem der Staat den Hausmeister spielt, indem er für Recht, Ordnung sowie Warmwasser und ein geflicktes Dach sorgt und dafür einen Teil der Miete kassiert, die Mieter aber ansonsten frei sind, ihre Wohnungen nach eigenem Geschmack und Vermögen einzurichten und vor allem ihre Türen zuzusperren, beruhte nicht auf Poesie, sondern auf Analyse und Beobachtung. Keynes hatte seine Vision ein Forscherleben lang getestet, verfeinert und Punkt für Punkt abgeklopft, hatte seine Beobachtungen ständig überprüft und revidiert, bevor er im Herbst seines Lebens begann, seine Theorie zu systematisieren. Ein allzu guter Systematiker war er allerdings nicht. Das erklärt manche Doppeldeutigkeit und den vielen Streit unter seinen Schülern und Widersachern. Nur: diese Debatte hat ihn jung erhalten, bis auf den heutigen Tag.

Die Vision: Von der Preis- zur Einkommensökonomie, von Wohlfahrtsstaat und Weltwirtschaft

»Keynes sucht alle, die nicht seiner Meinung sind, als ›orthodox‹ abzutun, ohne auch nur zu versuchen, ihre Lehren sachlich und kritisch zu widerlegen. Er hat [...] nur ein Schlagwort geprägt: Vollbeschäftigung [...]. Diese Doktrin lehrt, daß der Kapitalismus notwendigerweise Massenarbeitslosigkeit erzeugt und die Arbeitslosen mitleidslos dem Elend preisgibt (schon das Kommunistische Manifest hatte gesagt, daß die Bourgeoisie ›unfähig ist, ihrem Sklaven die Existenz selbst innerhalb seiner Sklaverei zu sichern‹). Um die Arbeitslosigkeit zu bekämpfen, müsse man den Leuten mehr Geld in die Hand geben und damit die ›effektive‹ Nachfrage erhöhen. Es sei verfehlt, Vermehrung der Geldmenge, die zu diesem Zwecke dienen solle, Inflation zu nennen.«

L. von Mises

Das Podest, auf das Keynes schon kurz nach seinem Tode gestellt wurde, trägt die Inschrift: J. M. Keynes, Vater des Wohlfahrtsstaates – von der Wiege bis zur Bahre.

Keynes' Anhängern dient seine Lehre als wissenschaftliche Rechtfertigung für die Globalsteuerung der Wirtschaft und die Verpflichtung des Staates auf sozialstaatliche Ziele: Verstetigung des Wirtschaftswachstums, ein Höchstmaß an Beschäftigungs- und Währungsstabilität sowie an sozialem und außenwirtschaftlichem Gleichgewicht. Keynes' Gegner benutzen sie als Zielscheibe ihrer Kritik an der theoretischen Konzeption selbst und ihren wirtschaftlichen Folgen.

Darüber wird vergessen, daß sich die Geburt des Sozialstaates – vor dem zweiten Weltkrieg in Schweden, nach dem zweiten Weltkrieg in England – weitgehend ohne Keynes vollzogen hat.

Dennoch ist es richtig, Keynes und den Sozialstaat in einem Atemzuge zu nennen und in einen inneren Zusammenhang zu stellen, auch wenn er sich selbst nur am Rande um dessen Einführung gekümmert hat.

Der zweite Weltkrieg hatte Keynes an die Stätte seines Jugendwirkens während des ersten Weltkriegs zurückgebracht: in die britische Treasury. Noch stärker als der erste beschleunigte der zweite Weltkrieg Englands Abstieg von der weltwirtschaftlich führenden zur mittleren Industrienation, vom Zentrum eines Commonwealth zu dessen Mitglied, vom Weltbankier zu dessen Schuldner. Keynes, der unbezahlte Chefexperte der Treasury für Währungs- und Finanzfragen, nahm an den Arbeiten seines Kollegen Sir William Beveridge, dem späteren Lord Beveridge, dem *Report on Social Insurance and Allied Services* sowie dem *White Paper on Employment Policy* von 1944, nur atmosphärisch teil. Er arbeitete vielmehr trotz seines Herzinfarkts, der ihn 1937 kurz nach Vollendung der *General Theory* für Monate aufs Krankenlager geworfen hatte, Tag und Nacht an den brennenden Fragen der englischen Kriegsfinanzierung: der Ausgestaltung des Pacht- und Leihabkommens (Lend-Lease) mit den Vereinigten Staaten sowie der Neugestaltung der Weltwährungs- und Weltwirtschaftsordnung, die nach dem Tage des Sieges der Alliierten über die Achsenmächte in Kraft treten sollte, dem bereits 1941 ins Auge gefaßten Abkommen von Bretton Woods. Für Keynes hing beides zusammen: die nationale Zähmung des Kapitalismus, die nur eine soziale sein konnte und die er, nachdem er die theoretische Vorarbeit geleistet hatte, in der Praxis nunmehr seinen Mitarbeitern und Freunden überließ, sowie die Einbettung der Wirtschaftspolitik in die neu zu errichtende Weltwirtschafts- und Weltwährungsordnung. Nie wieder sollte und durfte es unter dem Einfluß einer kollabierenden Weltwirtschaft zu einer Gefährdung der nationalen Prosperität, der nationalen Potentialauslastung und der nationalen Vollbeschäftigung kommen wie in den unseligen Krisenjahrzehnten der zwanziger und dreißiger Jahre. England hatte sein Prestige in die Waagschale der Wiedergewinnung seiner weltwirtschaftlichen Machtposition geworfen – und alles verspielt: Prosperität, Potentialauslastung und seine wirtschaftliche Vormachtstellung. Deutschland war unter der Last der ihm auferlegten und abenteuerlich – aus Auslandsschulden – finanzierten Reparationen zusammengebrochen, ganz wie Keynes es in den *Economic Consequences of the Treaty* von 1919 vorausgesagt hatte. Die Vereinigten Staaten, die sich durch ihren beispiellosen Kriegs- und Nachkriegsboom zwischen 1916 und 1927 in die Rolle der ersten Wirtschaftsnation und Weltkonjunkturlokomotive hinaufkatapultiert sahen, hatten diese Funktion fast über Nacht wieder verloren: Einige »schwarze« Donnerstage und Freitage zwischen dem 28. Oktober und dem 15. November 1929, die sich freilich lange zuvor schon angekündigt hatten, hatten die US-Währungsautoritäten dazu gezwungen, Aktienspekulation und Geldabflüsse ins Ausland mit einer »vertrauenbildenden« Hochzins- und Schutzzollpolitik zu bekämpfen. Der aus dem neuen Protektionismus der Vereinigten Staaten resultierende Ausfall an US-Importnachfrage hatte überall auf der Welt, sowohl in Rohstoff- wie auch in Industrieländern, nicht nur die Preise verdorben. Er hatte entgegen den Lehrbuchweisheiten auch immer größere Teile von deren Produktions- und Beschäftigungspotentialen unter negativen Anpassungsdruck gesetzt. Es lohnte sich weder zu exportieren noch zu reinvestieren, erst recht nicht, den Aufbau neuer Kapazitäten zu finanzieren: Die Vereinigten Staaten exportierten unfreiwillig eine Krise, die der Rest der Welt gezwungenermaßen importieren mußte.

Was war das nun? Wurde der Zusammenbruch des kapitalistischen Systems in seinen Kernländern von innen heraus, durch Spekulationen, bewirkt, oder lagen die Ursachen in Unzulänglichkeiten der weltwirtschaftlichen Verfassung, in einem systemimmanenten Mangel an internationaler Kooperation und vorbeugendem Krisenmanagement? Handelte es sich, wie L. C. Robbins, Keynes' Gegner und späterer Mitstreiter auf der Bretton-Woods-Konferenz, nachzuweisen versuchte, um einen glatten Regelverstoß gegen die Gesetze des Goldstandards, die es den Vereinigten Staaten untersagten, ihre Binnenstabilität ernster und wichtiger zu nehmen als den Ausgleich ihrer Leistungs- und Kapitalbilanz[10]?

Dagegen allerdings sprachen Keynes' Einsichten aus dem

Tract on Monetary Reform (1923), den *Economic Consequences of Mr. Churchill* (1925) und seiner Debatte mit B. Ohlin über das deutsche Transferproblem (1929), jener wohl wichtigsten wirtschaftstheoretischen Kontroverse vor dem Erscheinen der *General Theory*. In dieser Kontroverse nahm Ohlin – kurios genug – Keynes' späteren Part aus der *General Theory* vorweg; Keynes hingegen argumentierte, ohne Ohlin zu verstehen, ganz und gar klassisch: Ein Ungleichgewicht in den Kapitalströmen, denen die Güterströme des internationalen Handels nicht folgen dürften, müsse früher oder später in einer Anpassungskrise enden und lasse Gläubiger wie Schuldner gleichermaßen verkommen[11]. Es entbehrt nicht der Ironie, daß sich die beiden Weltökonomen von damals – obgleich sie dasselbe meinten – offenbar weder verständigen konnten noch wollten. Keynes hielt die Reparationen nicht nur für ökonomischen Unsinn, sondern auch für eine ausgemachte politische Dummheit. Dabei argumentierte er (sieben Jahre vor dem Erscheinen der *General Theory*) noch gänzlich klassisch: Deutschland könne seinen Transferdienst (die Reparationen waren in Goldmark oder harten Devisen zu zahlen) nur dann erbringen, wenn es Exportüberschüsse, die es bislang nicht hatte, erwirtschafte. Das aber würde internes Lohn- und externes Währungsdumping, also Lohnsenkungen und eine spürbare Währungsabwertung, erfordern, um die Exporte durch Billigpreis-Konkurrenz ausweiten zu können. Letztlich also zahle England, dessen Exporte dadurch verdrängt würden, seine Reparationen an sich selbst, nämlich durch Eigenverluste an Export, Arbeitsplätzen und durch den Import einer Krise. Keynes bewies damit, daß sich auch mit klassischer Theorie vernünftig argumentieren ließ. Seine Landsleute freilich bestärkte er nur in dem bereits 1919 aufgekommenen Verdacht, daß er ein Spion der Deutschen sei.

Der englischen Öffentlichkeit sprach Ohlin aus dem Herzen. Er bewies, daß die Reparationen für Deutschland sowohl zumutbar als auch finanzierbar seien. Um dies zu begründen, stieß er ganz beiläufig auf die später von Keynes in der *General Theory* formulierte Analyse des Einkommenskreislaufs. Um mehr exportieren zu können, müßten die Deutschen einfach mehr sparen, das heißt weniger konsumieren und weniger investieren. Wenn sie das nicht freiwillig täten (und warum sollten sie?), dann müsse eben ihr Staat die Steuerschraube anziehen. Kurz: Ohlin führte die Unfähigkeit Deutschlands, die Reparationen zu bezahlen, auf die zentrale Schwäche der Weimarer Demokratie zurück – ihre schwache und unzulängliche Steuerverfassung. Es ging nicht um Auslands- oder Schuldenfinanzierung der Reparationen, sondern um ihre »innere Aufbringung« aus erhöhten Steuern. Erst im Rückblick wurde beiden Kontrahenten – Keynes wie Ohlin – klar, daß sie auf unterschiedlichen Wegen an dasselbe Ziel gelangt waren. Deutschland konnte seine Reparationen nur dann bezahlen, wenn es seine Transfermittel verdiente, also mehr als bisher exportierte. Dieser Exportzuwachs mußte so oder so erspart werden: entweder, wie Keynes es vorschlug, über Reallohn- und Realeinkommensverzichte, was er ab der *General Theory* als klassisch brandmarken sollte, oder à la Ohlin über fiskalisches Zwangssparen, was seit der *General Theory* als keynesianisch gilt. Worin die beiden allerdings wirklich differierten, war die politische Bewertung dieses Prozesses. Der damals noch schwächere Theoretiker Keynes erwies sich gegenüber Ohlin als der stärkere politische Ökonom: Warum, so fragte er, solle man eine doppelte Anpassungskrise riskieren – in Deutschland von der Binnen- zur Exportökonomie, in England und bei den übrigen Reparationsempfängern von der Export- zur Binnenökonomie –, wenn man beides durch den Verzicht auf derartig kontraproduktive Siegertribute vermeiden könne? Das aber war nur die eine, die innere Seite seines Arguments. Auf der anderen Seite ging es um den Erhalt und den Zusammenhalt der gemeinsamen Weltwirtschaft. Gerade in der Weltwirtschaft gehören Geld- und Güterwirtschaft, Handels- und Zahlungsströme wie sonst nirgendwo eng zusammen. Wer sie trennt, indem er – so Keynes zu Ohlin – den Deutschen einseitig Zahlungen auferlegt, aber die Abarbeitung dieser Zahlungen durch Warenlieferungen (Exporte) verhindert, produziert geradezu Weltwirtschaftsschocks und -erschütterungen; sei es, daß er – wie es im Falle Deutschlands geschah – unvertretbare Schuldentürme errichtet, die sich früher oder später als Schuldendienstgefängnisse erweisen, sei es, daß er auf längere Sicht Unterbeschäftigungsfallen aufstellt, wobei es dann wenig Unterschied macht, ob diese à la Ohlin fiskalisch oder à la Keynes lohnpolitisch oder monetär zuschnappen – deflatorisch sind sie beide.

Keynes nahm in seinem gesamten Lebenswerk den Einfluß der Weltwirtschaft auf das Binnenschicksal der Nationen immer bitter ernst. Ohlin hat diese Gefahr der Verwundbarkeit von außen, die allen offenen, weltmarktabhängigen Nationen gemeinsam ist, gröblich unterschätzt oder zumindest in der damaligen Debatte mit Keynes stark bagatellisiert[12]. Dennoch gehört diese Kontroverse, der allerdings keine Sofortwirkung beschieden war, denn der Unfug mit den Reparationszahlungen ging zunächst, wenn auch auf reduzierter Basis, weiter, zu den bedeutendsten und wirkungsvollsten, die in diesem Jahrhundert unter Ökonomen geführt wurden. Ohlin wurde danach ein großer Weltökonom und Integrationstheoretiker[13], Keynes entwickelte aus dem ursprünglich Ohlinschen »Einkommensapproach« seine spätere *Allgemeine Theorie der Beschäftigung, des Zinses und des Geldes*. Noch wichtiger aber war, daß der weltwirtschaftliche Gleichgewichtsgedanke der Transferkontroverse Keynes' späteren Entwurf einer Weltzentralbankverfassung vorwegnahm, die in einem derartigen Zentralorgan einen supranationalen Garanten für jede nationale Vollbeschäftigungspolitik schaffen sollte. Gewiß: historische Retrospektiven werden in ihrer Qualität oft dadurch beeinträchtigt, daß der Verfasser ja den Ausgang der Ereignisse kennt und eine solche Kenntnis fälschlicherweise oft auch den Akteuren der Vergangenheit unterstellt. Eine solche Gefahr besteht im Falle Keynes jedoch nicht. Seine Veröffentlichungstätigkeit zeigt ein eher sprunghaftes, kein zielstrebiges, konsequentes Vorgehen. Dennoch trügt der Schein. Keynes schrieb gegen eine Krise an, die sich ab 1929 als immer unverständlicher und daher auch als immer unkurierbarer präsentierte. Sie forderte immer neue Opfer. Allein zu Beginn der dreißiger Jahre registrierte man über 30 Millionen Arbeitslose in den Industriestaaten; das sind fast ebenso viele wie heute, 50 Jahre später. Insofern ist es verständlich, daß Keynes sich nicht die Zeit nahm, bei jedem neu auftretenden Problem das jeweils Neue seiner Kommentare und

Analysen hierzu sorgfältig in das bereits Gesicherte zu integrieren. Der volle Gehalt der Keynesschen Botschaft erschließt sich daher nur dem, der sich die Mühe macht, die einzelnen Ergebnisse der letzten Hauptwerke aus den dreißiger und vierziger Jahren auf einen gemeinsamen Nenner zu bringen.

Bereits ein Jahr nach der Transferdebatte riskierte Keynes in der *Treatise on Money* von 1930 den Zentralangriff auf die beiden Bastionen des orthodoxen Ökonomieverständnisses: auf die Annahme des Selbstausgleichs von Sparen und Investieren sowie auf die These der Strukturneutralität des Geldes. Keynes weist in diesem Vorläufer zur *General Theory* nach, daß nicht das Sparen der privaten Haushalte dem Investieren der Unternehmer vorangeht, sondern umgekehrt. Folglich besteht die kapitalistische Dynamik aus Zyklen: Aufschwungszyklen, wenn mehr investiert als gespart wird, Abschwungszyklen, wenn mehr gespart als investiert wird. Eigentlich wäre daraus zu folgern, daß investive Geldausgaben und Kreditaufnahmen alles andere sind als strukturneutral; denn sie verändern ja offensichtlich den Auslastungsgrad des Ressourcenpotentials und damit der Beschäftigung. Jede Statistik weist aus, daß im Aufschwung die Kapazitäten des verfügbaren Kapitalstocks und des Arbeitskräftepotentials besser genutzt werden als zuvor, daß Produktivität und Beschäftigung steigen, es also Mengen- und keinesfalls bloß Preiseffekte geben muß. Dennoch zieht Keynes nicht den naheliegenden Schluß, daß Diskrepanzen zwischen Investition (I) und Ersparnis (S) erst Mengen- und dann Preiseffekte zeitigen: Mengeneffekte sind so lange zu erwarten, wie die verfügbaren Produktionspotentiale noch nicht voll ausgelastet sind; durch Mehrnachfrage (I > S) ergibt sich dann ein höherer, durch Mindernachfrage (S > I) entsprechend ein geringerer Auslastungsgrad. Keynes' klassische Schlußfolgerung lautet vielmehr, daß Diskrepanzen zwischen I und S keinen Einfluß auf den Potentialauslastungsgrad sowie die Beschäftigung ausüben, sondern »nur« Preiseffekte auslösen könnten. Hierbei wird übersehen, daß die Ersparnis das mögliche (und finanzierbare) Investitionsvolumen bestimmt und begrenzt[14]. Noch in der *Treatise on Money* geht Keynes wie Wicksell davon aus, daß Inflation wie Deflation beschäftigungsneutrale Prozesse seien. Dies ist insofern schwer verständlich, weil er sie ein Jahr zuvor in der Kontroverse mit Ohlin, wenn auch in anderem Kontext, als durchaus beschäftigungsrelevant dargestellt hatte. Im zweiten Band der *Treatise* jedenfalls werden diese kreditfinanzierten I/S-Diskrepanzen als kapitalistischer Wachstumsmotor schlechthin historisch richtig erkannt.

»Die Wohlstandsmehrung kam schon immer aus steigender [Investitions-]Aktivität und nicht vermindertem Konsum [...]. Und die sieben Wunder der Alten Welt? Wurden sie aus Sparsamkeit ermöglicht? Ich denke: nein.«[15]

Aber es ist analytisch, theoretisch und politisch nur die halbe Wahrheit, wenn Keynes dieselben I/S-Diskrepanzen in den Fundamentalgleichungen desselben Bandes als bloße (buchhalterische) Gewinn- und Verluständerungen der Unternehmensbilanzen erklärt, womit sie, genau besehen, zwar noch nicht ihre Struktur- und Beschäftigungsbedeutung, aber immerhin schon ihre Vermögensrelevanz ausweisen. Ein aus einem Investitionsüberhang (I > S) resultierender Agiogewinn erhöht, ein aus einem Ersparnisüberhang (S > I) resultierender Disagioverlust vermindert nämlich das unternehmerische Eigenkapital. Dennoch beharrt Keynes in seiner nochklassischen Voreingenommenheit darauf, daß unternehmerische Gewinn- und Verlustantizipationen weder die Produktion noch die Beschäftigung, geschweige denn die Einkommen tangierten – betroffen seien lediglich die Preise. Nicht einmal seine klassisch orientierten Freunde D. H. Robertson und R. G. Hawtrey konnten dieser Behauptung zustimmen. Doch damit nicht genug: Keynes, der große Geldtheoretiker seiner Epoche (er analysierte in der *Treatise* so präzise wie kein anderer vor oder nach ihm, welch enorme soziale Sprengkraft dem Geldwesen einer Volkswirtschaft vor allem in nichtkapitalistischen Systemen innewohnen kann), verstrickte sich in ein schwer zu lösendes Zinsdilemma. Einerseits nämlich werde der Zins gebraucht, um die nationale Abstimmung von I und S zu gewährleisten: I > S bedeutet steigende Zinsen, weil die relativ zu hohen Investitionsausgaben eingedämmt, den privaten Haushalten jedoch vermehrt Sparanreize geboten werden müssen; S > I bedeutet dementsprechend fallende Zinsen: jetzt muß die Investition angereizt und die Ersparnis eingedämmt werden. Andererseits aber solle derselbe Zinssatz auch dazu dienen, die internationalen Zahlungsbilanzkomplikationen auszuräumen.

»Die Höhe der Auslandsausleihungen reagiert stark auf kleine Veränderungen. Die Höhe der Auslandsbilanz andererseits ist keineswegs so reagibel [...]. Wegen dieses hohen Maßes an kurzfristiger Beweglichkeit, das dem internationalen Kredit eigen ist, dem ein geringes Maß an kurzfristiger Mobilität des internationalen Handels gegenübersteht, kann selbst ein geringfügiges und zeitliches Abweichen des nationalen Zinssatzes vom internationalen Satz gefährlich werden. Insofern wohnt der Zugehörigkeit zu einem internationalen Standard die Tendenz einer ungebührlichen Beschränkung der Macht einer Zentralbank inne, die Situation im Inland so zu meistern, daß die innere Stabilität und der optimale Beschäftigungsgrad gewahrt bleiben.«

So beschreibt Keynes im 21. Kapitel der *Treatise* den in der Geldwirtschaft angelegten »Zielkonflikt«. Wem also dient die Zinspolitik? Dem inneren Ausgleich von Investieren und Sparen oder dem äußeren Ausgleich zwischen Leistungs- und Kapitalbilanz, damit die Zahlungsbilanz nicht aus dem Lot gerät? In der *Treatise* sah Keynes zwar den Doppelkonflikt zwischen binnen- und außenwirtschaftlicher Stabilität, zwischen Preisniveau- und Beschäftigungspolitik, aber er vereinfachte ihn: Für die Preise sei die I/S-Konstellation ausschlaggebend, für die Beschäftigung die Freiheit von Zahlungsbilanzrestriktionen. Genau darin aber bestand das Hauptproblem der späten zwanziger und frühen dreißiger Jahre, der Zeit also, in der die *Treatise* entstand. Erst in der *General Theory* erkannte Keynes, daß der Sachverhalt komplizierter ist: Die I/S-Konstellation beeinflußt nicht nur die Preis-, sondern auch die Beschäftigungsniveaus. Er entschloß sich daraufhin zu einer starken Vereinfachung seiner Analyse und klammerte die Beschäftigungsstörungen, die auf außenwirtschaftliche Einflüsse zurückgehen, aus. Zahlungsbilanzungleichgewichte sollten durch den Einsatz der Wechselkurspolitik anstatt durch zinspolitische Maßnahmen bekämpft werden. Auch derartige Autarkiebestrebungen markieren eben den (Un-)Geist jener

Zeit. Dennoch enthält die *Treatise* nicht nur den im Zentrum der späteren *General Theory* stehenden, durch die Symbole I und S gekennzeichneten »Einkommensapproach«, sondern zumindest im Ansatz auch den durch die »gebrochene Zinselastizität« – hohe Zinsallergie bei den Geldanlagen, größere Zinsrobustheit bei den Realanlagen – gekennzeichneten »Liquiditätsansatz«: Keynes' spätere Theorie der Liquiditätspräferenz und der aus ihr entstehenden »Liquiditätsfallen« der Beschäftigung.

Auch in anderer Hinsicht ist die *Treatise* Keynes' erstaunlichstes Buch: Es erfaßt die Realität mit einer unstimmigen Theorie. Bereits in seinem Erstlingswerk *Indian Currency and Finance* von 1913 weist Keynes nach, daß sich für das vom Gold-Sterling-Standard abhängige Indien aus internen Beschäftigungsgründen eine Abkoppelung lohnen könnte. Im *Tract on Monetary Reform* von 1923 empfiehlt Keynes dem englischen Mutterland diese Abkopplung, nämlich eine »Spaltung« von internem und externem Zins: Der erstere solle aus Beschäftigungsgründen gesenkt, der letztere durch eine über Terminkursprämien aufgewertete Swaprate für Ausländer, die ihr Geld im Inland anlegen wollen, attraktiver gemacht werden. In den *Economic Consequences of Mr. Churchill* von 1925 (der ersten Analyse »importierter Depression«) warnt er vor einer zu hoch gegriffenen Goldparität des Pfundes Sterling, weil diese zu ihrer Verteidigung eine interne Hochzinspolitik benötige, die sich das von Massenarbeitslosigkeit und Streiks geschüttelte England nicht mehr leisten könne – damals sowenig wie heute. In der *Treatise on Money* von 1930 schließlich entwirft er – leider ohne strengen Zusammenhang mit den vorhergehenden Analysen – seinen »grand design« der einen und nach seinen Vorstellungen geordneten Weltwirtschaft, der weit über die spätere *General Theory* hinausgreift und hinausweist. Im letzten Kapitel, das er mit »Internationale Komplikationen« überschreibt, plädiert er für die Errichtung einer weltweiten monetären Ordnungsinstanz, einer genuinen *Weltzentralbank*, die das Laisser-faire der zwischenstaatlichen Kapitalbewegungen überwachen und zielgerichtet lenken, das heißt also den Ressourcentransfer von den Überschuß- in die Defizitländer, von den reichen in die armen Nationen beaufsichtigen solle. Dieses Thema, nämlich die Errichtung einer Instanz, die für die Beseitigung von Zahlungsbilanzungleichgewichten und den davon ausgehenden Störungen der nationalen Vollbeschäftigungspolitik sorgen sollte, läßt ihn fortan nicht mehr ruhen. Dennoch verfehlte Keynes in der *Treatise* die beiden zentralen Erkenntnisse der späteren *General Theory*, nämlich erstens, daß der I/S-Ausgleich über Einkommens- und Beschäftigungsbewegungen statt bloß über das Auf und Ab der Preise und Unternehmergewinne erfolgt, sowie zweitens, daß das Geld als Struktur- und Spekulationsfaktor eine ganz unberechenbare Wirkung auf die Volkswirtschaft ausüben kann. Er ist jedoch der Botschaft der *General Theory* schon so nahe, daß man sich fragt, weshalb er sie noch nicht endgültig verkündet. Er hat zu diesem Zeitpunkt noch nicht den Mut zum Bruch mit der Theorie der Klassik; offenkundig fehlt ihm noch der letzte Anschauungsunterricht der fortschreitenden Krise, der großen Weltdepression, die erst ab 1930 ihrem Tiefpunkt zustrebte.

Was macht nun das wahrhaft Neue, um nicht zu sagen Revolutionäre der *General Theory of Employment, Interest, and Money* von 1936 gegenüber dem traditionellen Ökonomieverständnis der Zeit (das Keynessche aus der *Treatise* eingeschlossen) aus? Die erste große Neuerung liegt in der Einführung einer zentralen, gesamtwirtschaftlichen Angebotsgröße, dem auszulastenden Produktions- und Beschäftigungspotential; die zweite besteht in der Weiterentwicklung der in der *Treatise* begonnenen Analyse des I/S-Ausgleichs nicht nur über Preis-, sondern in erster Linie über Mengeneffekte, also durch Produktions-, Beschäftigungs- und Einkommensschwankungen; die dritte betrifft das, was wir im folgenden den monetären Keynes-Effekt nennen wollen – seinen Beitrag zum Kapitalismusverständnis [16].

Beginnen wir mit dem letzteren. Geld – so sehen es Keynes' klassische Vorläufer und heute noch seine neoklassischen Gegner – ist lediglich ein Substitut für reale Güter und Dienstleistungen, ein »Ressourcenbezugsschein«. Für Keynes sind alle monetären Forderungen wie Finanzanlagen oder Wertpapiere, aber auch zinslose Kassenhaltung gleichzeitig ein Vermögensspeicher. Die Vermögensqualität des Geldes ist für Keynes der springende Punkt. Für den einzelnen bedeutet Geld immer einen Vermögensanspruch, den er heute oder morgen präsentieren kann. Daher macht das Geld in privater Hand jede Nachfrageplanung der Unternehmer unsicher. Vom Staat hingegen kann dieselbe Geldmenge als politische Waffe gegen die private Ressourcenlenkung eingesetzt werden. Die Manipulierung des Geldvolumens ist stets unauffälliger als eine Variation des Steuersatzes. Diese beiden Sachverhalte kennzeichnen Wesen und Hauptinhalt der Keynesschen Botschaft aus seiner *General Theory*. Die private Geldnutzung kann jederzeit – muß es freilich nicht – die volle Auslastung des Angebotspotentials, die Vollbeschäftigung, konterkarieren. Die staatliche Geldpolitik kann jederzeit den daraus resultierenden Schaden reparieren – muß es freilich nicht. Das unbestreitbare Faktum, daß man Geld und Geldansprüche auch horten, das heißt weder für den Ankauf von Konsumgütern noch für den Erwerb von realen Investitionsgütern oder Finanzanlagen und Wertpapieren verwenden kann, bedeutet, daß dieser Teil der Geldnachfrage in hohem Grade erwartungselastisch ist. Bereits eine geringfügige Zinsveränderung läßt daher die (abdiskontierten) Preise von Vermögen, also der Investitionsgüter, aber auch der Finanzanlagen und Wertpapiere, überdurchschnittlich an- und abschwellen.

Nicht nur Bank- und Börsenprofis wissen, daß ein Zinsanstieg von zehn Prozent auf elf Prozent den Kapitalwert eines Vermögensgutes (gleichviel, ob real oder monetär), der bislang 100 DM betrug, auf 90 DM senken, und ein Zinsrückgang von elf Prozent auf zehn Prozent den Kapitalwert von bisher 90 DM auf 100 DM anheben wird. Infolgedessen handelt rational, wer in Erwartung einer kurzfristigen Zinsveränderung entweder zusätzlich hortet oder zusätzlich entspart: ersteres, wenn er damit rechnet, daß der Geld- oder Kreditzins steigen, letzteres, wenn er damit rechnet, daß der Geld- oder Kreditzins fallen wird. Im ersten Fall überkompensiert der vermiedene Kapitalverlust von zehn Prozent, im zweiten Fall der zu realisierende Kapitalgewinn von zehn Prozent die jeweils »sichere« Zinseinnahme, eine Rechnung, die um so überzeugender aufgeht, je kurzfristiger das anspekulierte Zinsergebnis eintritt. Es liegt auf Hand: Je mehr sich dieses Geldverständnis durchsetzt, desto unberechenbarer werden die daraus resultierenden effektiven (oder monetären) Nachfragegrößen – vor allem die Größe I. Geldnutzung und -nachfrage stabilisieren und destabilisieren also den kapitalistischen Wirtschaftsprozeß, je nachdem, was die Geldbesitzer mit ihrem Geld anfangen, was sie tun wollen, weil sie irgend etwas erwarten, oder nicht tun, weil sie irgend etwas befürchten. Angenommen, sie präferieren Kassenhaltung, weil sie mit Zinsanstieg und Preisrückgang bei den Vermögensanlagen rechnen: Es kommt dann sofort zu Nachfrageausfall und als Folge des Nachfrageausfalls zu deflatorischen Preiseffekten.

Nur: die präkeynesianische Klassik unterstellte ganz einfach, daß dieser Fall bei unveränderter Vollbeschäftigung und unverändertem Volkseinkommen zu einer neuen Einkommensverteilung führen würde, nämlich zu Einkommensverlusten bei Unternehmern und Investoren sowie Einkommensgewinnen bei Konsumenten und Sparern.

Keynes hingegen zeigte in der *General Theory* erstmals, daß die aus der Geldsphäre resultierenden Nachfrageeffekte die Investoren und Sparer früher erreichten als die sich nur langsam durchsetzenden Preiseffekte, und ferner, daß diese von beiden Seiten antizipiert werden könnten. Keynes Lehrer A. C. Pigou meinte zwar, daß bei gegebener Kassenhaltung ein Rückgang der Güterpreise den Realwert der Kassenhaltung erhöhe und daher die Leute den überschüssigen Betrag später wieder ausgeben würden; bei hinreichender Preiselastizität und fest an das Einkommen gebundener Kassenhaltung fände – zumindest auf mittlere Sicht – weder ein Ausfall an Nachfrage noch an Beschäftigung statt. Demgegenüber zeigte Keynes, daß der sofort wirksame Nachfrage- und der sofort antizipierbare Preiseffekt die Pläne der Investoren und der Sparer auch sofort verändere, und zwar bei beiden in konträrer Weise: Die Investoren würden zurückstekken, die Sparer aufstocken.

Hatten sich die Sparer im klassischen Modell damit zufriedengegeben, Kreditlieferanten des Unternehmenssektors abzugeben und ihre Liquiditätspräferenz auf einen festen Betrag und Quotienten ihrer Einkommensbildung zu beschränken, so begannen sie im Keynesschen System mündig und daher aufsässig zu werden. Sie spekulierten auf eigene Gefahr und Rechnung, indem sie alternativ zum Zins den möglichen Kapitalgewinn ihrer Anlagen ins Kalkül einbezogen.

Hatte Keynes in der *Treatise* sich an den Ex-ante-Unterschieden der Spar- und Investitionspläne festgebissen, so fragte er in der *General Theory* nach den Ex-post-Wirkungen solcher I / S-Diskrepanzen. Diese waren in der Tat beträchtlich. Überhänge von S über I ließen die Unternehmer erhebliche Gewinnrückgänge, wenn nicht gar Verluste befürchten. Um dem auszuweichen, verwandelten sie sich von Investoren in Sparer: Statt realer Investitionsgüter kauften auch sie monetäre Vermögensgüter (Aktien, Anleihen) und verstärkten damit ihre Kassenhaltung oder Liquiditätspräferenz. Gewiß, der daraus resultierende Kursanstieg verbilligte zwar die Zinsen und damit die Kosten der Investitionsfinanzierung, aber er erhöhte eben nicht die Investitionserträge. Im Gegenteil, diese blieben deutlich hinter den Kapitalgewinnen an den Aktien-, Anleihe- und sonstigen Geldanlagemärkten zurück: Die Börsenhausse nährte sich selbst, aber deswegen nicht unbedingt auch die reale Investitionsaktivität. Im Gegenteil, die Schere zwischen Sparen und Investieren öffnete sich jetzt erst recht; sie verbreiterte sich spekulativ. Eine Koordination der konträren Spar- und Investitionspläne war nur durch die Krise möglich, denn Nachfrageausfall, enttäuschte Gewinnerwartung, Flucht in die Geld- statt Sachwerte, um weiteren Verlusten zu entgehen, mußte ja zum Abbau von Produktion und Beschäftigung, zum Einsparen von Lohn- und anderen Kosten führen, was gleichzeitig die Einkommen reduzierte. Dieser Prozeß setzte sich so lange fort, wie die Unternehmer Geld aus ihren Firmen herausziehen sowie Löhne und andere Vorleistungen senken konnten. Er fand erst dann ein Ende, wenn der aus dem Investitionsrückgang resultierende Einkommensrückgang die Sparpläne so weit reduziert hatte, daß sie aus dem nunmehr noch zur Verfügung stehenden geringeren Einkommen auch realisiert werden konnten. Sparer nämlich mögen noch so sehr auf hohe Kapitalgewinne und / oder Zinsen spekulieren; sparfähig sind sie nur, wenn sie über das nötige Einkommen verfügen. Bei mehr oder weniger durch Lebenshaltung, persönliche Umstände, soziales Umfeld und Anspruchsdenken vorgegebenen Konsumgewohnheiten und -ausgaben steigt die Sparfähigkeit nur mit dem Einkommen. Ebenso geht sie – Angstsparen hin oder her – mit dem versiegenden Einkommen zurück. Insofern bewirkt also das Einkommensniveau den Spar-Investitions-Ausgleich und nicht das Zinsniveau.

Das alles mag uns heute, 50 Jahre nach seiner Entdeckung durch Keynes' *General Theory*, als Trivialität erscheinen, hundertfach beobachtet und bestätigt in den Dutzenden von Konjunkturzyklen ungezählter Industrie- und Entwicklungsländer. Dennoch war diese Entschlüsselung des Spar-Investitions-Zusammenhangs damals eine Sensation. Man hatte tausende Jahre gespart und investiert und doch nicht gewußt, wie beides im gleichfalls jahrtausende alten Geldkreislauf zusammenhängt. Keynes' Entdeckung stellte auf den Kopf, was bis dahin als gesicherte Erkenntnis gegolten hatte:

- daß das Sparen die Voraussetzung des Investierens sei, nicht umgekehrt,
- daß Vollbeschäftigung und hohes Einkommen das Marktergebnis richtiger Preise seien, vor allem richtiger Faktorpreise wie Lohn und Zins, und nicht das Ergebnis einer monetären Beeinflussung von Einkommen, Nachfrage und Investitionsausgaben,
- daß die Marktwirtschaft ohne Wirtschaftspolitik auskomme und einer Nachhilfe durch eine intelligente Globalsteuerung ihrer großen Nachfrage- und Ausgabenblöcke nicht bedürfe.

Klassik

Kurz: Keynes lieferte mit seiner *General Theory* sowohl die theoretische Begründung wie ein praktisches Handlungskonzept für eine moderne, makroökonomisch fundierte Wirtschaftspolitik. Wie wir schon sahen, entwickelte Keynes seinen I/S-Approach zeitlich zwischen *Treatise* und *General Theory* im Wettlauf mit der sich weltweit verschärfenden großen Depression der dreißiger Jahre. Zwei Zwischenstationen aus dieser intellektuellen Bewältigung der in keinem der damaligen Lehrbücher verzeichneten Krise sind überliefert: Keynes' sogenannte *Harris-Lecture*, die er 1931 in Chicago unter dem Titel *Unemployment as a World Problem* hielt, und seine Streitschrift aus dem Jahr 1933 *The Means to Pro-*

sperity, in der er sich energisch, aber zunächst ohne Erfolg für öffentlich finanzierte Arbeitsbeschaffungsprogramme einsetzte. Dabei hatte der sogenannte *Multiplikator*aufsatz seines Mitarbeiters und Freundes R. Kahn eine geradezu katalysatorische Wirkung. Kahn hatte gezeigt, daß öffentliche Ausgaben- und Konjunkturprogramme nicht nur unter ihren Erstwirkungen und nach ihrem Erstanstoß zu bewerten und zu kalkulieren seien. Ihre kumulativen Zweit- und Drittwirkungen bewiesen sozusagen ihre eigene Ökonomie. Man würde mit verhältnismäßig bescheidenem Erstaufwand multiplikative Zusatzeffekte erreichen, mit wenig Geldeinsatz einen hohen Beschäftigungsgrad erzielen[17].

Keynes inspirierte der Kahnsche Ansatz zu einer Neuinterpretation der Zusammenhänge zwischen den diversen Geldverwendungskategorien, zwischen Investieren und Sparen sowie den Veränderungen des Volkseinkommens beziehungsweise des Sozialprodukts, das nunmehr zur Schlüsselgröße der *General Theory* wurde.

Offenbar kann das Volkseinkommen oder reale Sozialprodukt (E) entweder konsumiert (C) und investiert (I) oder konsumiert und gespart (S) werden:

$$E = C + I$$

oder

$$E = C + S$$

Daraus folgt, daß die Differenz zwischen Volkseinkommen und Konsum sowohl I als auch S bedeuten kann und beide Größen ex post betrachtet daher stets gleich groß sein müssen. Wie kann das zustande kommen? Auf welche Weise können die unterschiedlichen Wirtschaftspläne von Sparern und Investoren in Einklang gebracht werden? Genau dafür liefert der Kahnsche Multiplikator die Erklärung. Zunächst aber muß man etwas über Eigenschaften, Wirkungen und Vorzeichen der vier Makrogrößen Einkommen, Konsum, Investition und Ersparnis wissen. Klar ist, daß Investition und Konsum positiv auf das Einkommen einwirken, denn sie stellen effektive Güternachfrage dar. Dagegen übt die Spartätigkeit zunächst eine negative Wirkung auf das Einkommen aus, denn der Teil des Volkseinkommens, der gespart wird, geht der Konsumnachfrage und damit der Einkommensentstehung für die nächste Periode verloren. Der Nachfrageausfall ist endgültig, wenn die Ersparnis in (Spekulations-)Kasse gehalten, also gehortet wird. Werden die Spargelder allerdings den Investoren in Form von Krediten angeboten und von diesen auch verwendet, so findet lediglich eine Nachfrageumlenkung von der Konsum- zur Investitionsnachfrage statt. Keynes geht nun davon aus, daß der Konsum einem »grundlegenden psychologischen Gesetz« entsprechend vom Einkommen abhängig sei, sich jedoch nicht proportional dazu verändere, sondern abnehmende Durchschnitts- und Grenzraten aufweise. Der Konsum bleibe also hinter der Einkommensentwicklung immer weiter zurück. Keynes hätte sich mit dieser etwas pompösen Formulierung einer »degressiven Konsumfunktion« leichter tun können. Bereits der preußische Statistiker E. Engel hatte 1895 nachgewiesen, daß bei steigendem Einkommen die Ausgabenanteile (wohlgemerkt: die Anteile, nicht die absoluten Geldausgaben) für Grundbedürfnisse wie Nahrung, Kleidung und so weiter fallen. Keynes' »grundlegendes psychologisches Gesetz« war also bekannt und bewiesen. Engel hatte sich jedoch nicht für die makroökonomischen Folgerungen aus diesem Gesetz, zum Beispiel die Kreislaufwirkungen einer solchen Konsumfunktion, interessiert. Wenn eine Zunahme der Investitionen neue Einkommen schafft und dank der höheren Einkommen wiederum mehr gespart werden kann, dann muß es offensichtlich einen positiven Investitions-Einkommens-Multiplikator geben. Wenn eine Zunahme der nichtinvestierten Ersparnisse Einkommen vernichtet, weswegen in der Folge auch nicht mehr, sondern nur noch weniger gespart werden kann, dann muß es offenbar auch einen negativen Spar-Einkommens-Multiplikator geben. Daraus folgt zweierlei: erstens, daß Aufschwung oder Abschwung – Über-, Voll- oder Unterbeschäftigung eines kapitalistischen Systems – entscheidend davon abhängt, wie diese einander entgegengerichteten Multiplikatoren zueinander stehen und wie sich ihre numerischen Werte ausgleichen; zweitens, daß es noch entscheidender auf die auslösenden Faktoren dieser Multiplikatoren ankommt, nämlich auf die Bestimmungsgründe der Investitions- und der Spar-»Neigung«, wie Keynes sie nannte.

Erst durch die Entdeckung und Rezeption des Kahnschen Multiplikatorgedankens wurde der Geldtheoretiker Keynes zum Beschäftigungstheoretiker und -politiker. Kahn hatte zwar richtig auf die Folgen einer (öffentlich finanzierten) Ausgabensteigerung für Güternachfrage, Einkommensbildung und Mehrbeschäftigung hingewiesen – daß es sich lohne, zumal bei unterbeschäftigten Kapazitäten und Arbeitslosigkeit, mehr Geld in Umlauf zu bringen, weil es ein Mehrfaches an »Wertschöpfung« einbringe, als es Staat, Steuerzahler oder gegebenenfalls den Konsumenten über einen milden Preiseffekt koste. Aber erst Keynes hatte, indem er die Frage nach den Ursachen der Spar- und Investitionsneigung stellte, die Bedeutung des Multiplikators als Ausdruck und Symbol einer Systemeigenschaft erkannt und entschlüsselt.

Was nämlich veranlaßt alle Wirtschaftssubjekte, die Unternehmer wie die privaten Haushalte, zu investieren oder zu sparen? Es ist der gemeinsame Zwang, mit den Finanzmitteln von heute (den Ressourcenbezugsscheinen der Gegenwart) auch noch für die Zukunft vorsorgen zu müssen. Ist aber unser liebes Geld für jeden einzelnen Geldbesitzer und -benutzer, gleichviel, welche Funktion er im Wirtschaftsleben erfüllt, ein »Bindeglied zwischen Gegenwart und Zukunft« (wie Keynes im 17. Kapitel der *General Theory* definiert), dann sind alle Kreditpreise keine Preise im Sinne einer definitiven Eigentumsübertragung, wie der Preis eines Autos oder eines Hauses. Es handelt sich bei der Geldleihe um Preise auf Zeit, vergleichbar einer Miete. Da diese Mieten, pro futuro vereinbart, in der Gegenwart angesichts vieler in Betrag wie Risiko differierender Verwendungsalternativen verglichen werden müssen, werden aus Miet*summen* Miet*zinsen*. Sparer wie Investoren haben somit ihre Zinserwartungen, stellen somit ihre Zinsvergleiche für die Abgabe wie die Aufnahme von Geld oder Liquidität an. Und es ist unvermeidbar, daß mehr gespart als investiert wird, wenn die Zinserwartung der Sparer die der Investoren übertrifft. Diese Situation tritt um so eher ein, je höher die Einkommen einer Gesellschaft werden oder bereits sind. Sie kann aber auch ganz einfach dadurch hervorgerufen werden, daß verunsicherte Investoren krisenbedingt jeden Zins, den sie erwirtschaften müssen, als zu hoch empfinden.

Der Multiplikator setzt dann diese höchst subjektive – richtige oder falsche – Konstellation von Spar- und Investitionsneigungen in gesamtwirtschaftliche Folgen und Resultate um: in ein bestimmtes Volkseinkommen, eine bestimmte Beschäftigung, die aber unter Umständen keiner der mikroökonomischen Akteure, der mit seiner subjektiven Spar- und / oder Investitionsneigung dieses Resultat mitverursacht hat, vorausgesehen oder gar beabsichtigt haben muß. Sie kann sogar seinem einzelwirtschaftlichen Interesse widersprechen. Der Multiplikator überträgt und vereinfacht jedoch nicht nur die von den einzelnen Wirtschaftssubjekten ausgelösten Spar- und Investitionsimpulse; seine Wirkungsweise ist auch wirtschaftspolitisch nutzbar, denn er reagiert genauso auf eine im Dienste der Beschäftigungspolitik stehende Veränderung der geld- und fiskalpolitischen Aktionsparameter.

Der Multiplikator in der Keynesschen Theorie ist also weder ein Reaktionsparameter der privaten Wirtschaftssubjekte noch ein wirtschaftspolitisches Instrument, sondern das *systemtheoretische* Bindeglied zwischen der Veränderung eines unabhängigen Modellparameters (Investitions- oder Konsumausgaben, Ersparnis, Steuererhebung des Staates und so weiter) und der daraus resultierenden Veränderung der abhängigen Größen (Einkommen, Beschäftigung); er ist die Berechnungsgrundlage für die Beschäftigungswirkungen der wirtschaftlichen Aktivitäten des Staates und der privaten Wirtschaftssubjekte.

Wie läßt sich nun ein solcher Multiplikator logisch und numerisch ermitteln? Da das Volkseinkommen (E) das Ergebnis mehrerer Kreislaufgrößen ist (Investition, Konsum, Ersparnis, in einer offenen Volkswirtschaft kämen auch noch die Importe und Exporte hinzu), muß logischerweise jede Veränderung des Volkseinkommens (dE), die auf die Veränderung nur einer dieser Größen zurückgeht, alle übrigen Größen mit berühren (jedenfalls, insofern diese einkommensabhängig sind). Eine positive Einkommensveränderung, die durch einen Investitionsanstieg ausgelöst wird, läßt auch Konsum und Ersparnis ansteigen. Eine negative Einkommensveränderung, die durch eine Zunahme der Spartätigkeit ausgelöst wird, läßt auch Konsum und Investition zurückgehen. Nach Abschluß des Anpassungsprozesses an die neuen gesamtwirtschaftlichen Daten beträgt die Einkommenserhöhung ein Vielfaches der auslösenden Investitionserhöhung (oder des Ersparnisrückganges). Das Verhältnis zwischen den beiden Veränderungsgrößen, also zum Beispiel $\frac{dE}{dI}$ nennt man Multiplikator. Der Multiplikator sorgt dafür, daß ein durch die divergierenden (Ex-ante-)Pläne der Sparer und Investoren gestörtes I/S-Gleichgewicht wiederhergestellt wird. Am Ende dieses Prozesses ergibt sich das numerische Gleichgewicht zwischen der I- und S-Veränderung: dI = dS. Demnach muß auch das Verhältnis der Einkommensveränderung zu beiden Größen gleich sein: $\frac{dE}{dI} = \frac{dE}{dS}$. Durch mathematische Umstellung erhalten wir: $dE = dI \cdot \frac{dE}{dS}$ und $dE = dI : \frac{dS}{dE}$, wobei dS : dE nichts anderes ist als die aus der Einkommensänderung resultierende Veränderung der Ersparnis. Keynes hat sie als »marginale Sparquote« bezeichnet; ihr reziproker Wert beziffert den Investitionsmultiplikator: $\frac{dE}{dI} = \frac{1}{dS : dE} = \frac{1}{s}$.

Was besagt diese auf den ersten Blick recht blutarme, abstrakte Multiplikatormathematik? Sie besagt erstens, daß die Konsum- und Investitionsneigungen der Marktteilnehmer (Haushalte, Unternehmen) über Prosperität und Depression entscheiden. Sie bestimmen, welches Gesamteinkommen entsteht und bei wem, wie viele Arbeitsplätze bei gegebener Technik zur Verfügung stehen – und zwar abhängig von der effektiven Güternachfrage, nicht von der Höhe der Lohnkosten. Die Multiplikatorformel besagt zweitens, daß die Abhängigkeit der Marktwirtschaft von der Investitionstätigkeit ihrer Unternehmer nicht nur Schicksal, sondern auch Chance bedeutet. Eine eventuelle Investitionslücke des privaten Unternehmenssektors kann nämlich mit derselben expansiven Multiplikatorwirkung auch durch staatliche Ausgabenprogramme geschlossen werden. Für eine aktive und aufgeklärte Marktwirtschaftspolitik oder Globalsteuerung zahlt es sich daher sehr wohl aus, sich Gedanken über die mutmaßliche Höhe der Investitions- und Exportmultiplikatoren sowie über das Ausmaß der zu erwartenden Bremswirkungen durch Spartätigkeit und Importe zu machen.

Nehmen wir zum Beispiel an, die marginale Konsumneigung

(c) einer Volkswirtschaft liege bei 0,8; das bedeutet, daß die Bevölkerung acht Zehntel jeder zusätzlich verdienten Einkommenseinheit konsumiert, zwei Zehntel spart. Würde die Bundesregierung, etwa zur Bekämpfung einer regionalen oder sektoralen Anpassungskrise, ihr investives Ausgabevolumen (A_{St}) um zehn Mrd. DM erhöhen ($dA_{St} = 10$), so würde die Bevölkerung von diesen zehn Milliarden zusätzlichen Einkommens acht Milliarden zusätzlich für Konsumzwecke verausgaben und zwei Milliarden sparen. Die acht Milliarden Konsumausgaben bedeuten für die in der Konsumgüterindustrie Beschäftigten wiederum acht Milliarden zusätzlichen Einkommens. Auch hiervon würden also wieder acht Zehntel, das sind 6,4 Mrd. DM, verkonsumiert, zwei Zehntel oder 1,6 Mrd. gespart und so weiter. Dieser Anpassungsprozeß mündet in ein neues Gleichgewicht, in dem das Einkommen um 50 Mrd. über dem Ausgangsniveau liegt ($dE = 50$). Die einzelnen Anpassungsschritte des Einkommens gehorchen nämlich offenbar den Gesetzen einer unendlichen geometrischen Reihe:

$$dE = c^0 \cdot dA_{St} + c^1 \cdot dA_{St} + c^2 \cdot dA_{St} + c^3 \cdot dA_{St} + \cdots$$
$$1 \cdot 10 + 0{,}8 \cdot 10 + 0{,}8^2 \cdot 10 + 0{,}8^3 \cdot 10 + \cdots$$

Kenner algebraischer Schulmathematik haben natürlich längst bemerkt, daß das Ergebnis dieser geometrischen Reihe durch unseren Multiplikator bestimmt wird:

$$dE = \frac{1}{1-c} \, dA_{St} = \frac{1}{1-0{,}8} \cdot 10 = 5 \cdot 10 = 50$$

Die effektive Nachfrage und damit das Volkseinkommen würde sich also um insgesamt 50 Mrd. DM erhöhen. Der private Sektor würde die öffentliche Ausgabensteigerung von zehn Mrd. mit dem vierfachen Betrag unterstützen.

Wie anders wäre das Ergebnis hingegen, wenn die Konsumneigung nur 0,6 wäre. In diesem Falle würde aus demselben staatlichen Investitionsprogramm eine Einkommenssteigerung von nur

$dE = \frac{1}{1-0{,}6} \cdot 10 = 2{,}5 \cdot 10 = 25$ Mrd. DM resultieren.

Was ist nicht alles über den Kahn-Keynesschen Multiplikator behauptet worden! Er beweise, daß Keynes ein Totalquantenphysiker, kein Ökonom sei. Und wenn Ökonom, dann ein schlimmer Interventionist und Fiskalist, der den Staat mit fragwürdigen Sparsamkeitsrechnungen in jede Art von öffentlicher Verschwendung treibe. Wenn nämlich die Multiplikatorberechnungen nicht stimmten (und wie sollten sie auch), dann stünde am Ende nichts weiter als die permanente Aufblähung von Staatsdefizit und -schulden. Und wendete man den Multiplikatorgedanken – was Keynes freilich nur andeutete – auch noch auf Exporte und Exportüberschüsse an, dann würden die Übergänge zwischen investitionsgeführtem Binnen- und exportgeführtem Außenwachstum fließend. Gerade diese in der Nachkriegszeit von Aufsteigerländern wie der Bundesrepublik und Japan erprobte Auswechselbarkeit zwischen Investitions- und Exportmultiplikatoren hat Keynes – wie auch dem Keynesianismus – den Vorwurf eingetragen, einem den Nachbarn schädigenden »Neomerkantilismus« das Wort zu reden. Dieser Vorwurf besteht jedoch zu Unrecht. Erstens gilt Keynes' dogmenhistorische Verbeugung vor dem Merkantilismus des 16. und 17. Jahrhunderts (im 23. Kapitel der *General Theory*) nicht dessen Zielen. Sie gilt der merkantilistischen Theorie, welche von einer Einheit zwischen Geld- und Güterkreislauf ausgeht. Zweitens hat Keynes im letzten Werk seiner Trias, den *Proposals for an International Clearing-Union*, ein Modell entwickelt, das jeder Nation »ihren« Keynesianismus erlaubt, ohne dabei zu Lasten einer anderen zu wirtschaften oder an der eigenen Zahlungsbilanz zu scheitern. Drittens markiert der Multiplikator ein Stück Analyse, weder ein politisches Ziel noch ein Instrument – auch wenn er zur Rechtfertigung einer bestimmten Politik mit bestimmten Zielen und Instrumenten herangezogen wird.

Die Multiplikatorformel belegt in erster Linie die Keynessche Zentralthese, welche besagt, daß das marktwirtschaftliche Gesamtergebnis einer Periode weder für das einzelne private Wirtschaftssubjekt noch für den darüberstehenden Planer oder Politiker genau voraussehbar oder bestimmbar sei, obwohl jeder einzelne, gleichviel ob Unternehmer oder privater Haushalt, Investor oder Sparer, seine wirtschaftlichen Entscheidungen unter Einbeziehung aller Plandaten auf rationale Weise treffe. Die

Doppelrolle des Geldes als Tauschmittel für den Güterkauf und alternativ dazu als Wertaufbewahrungsmittel für die Vermögensbildung ist in jeder Marktwirtschaft für Überraschungen gut. Das kapitalistische System muß erst einmal – vermöge der Freiheiten, die es bietet – eine Fülle von sowohl logischen wie psychologischen Bedingungen erfüllen, ehe es überhaupt eine Chance hat, das wirtschaftlichste und sozialste seiner Ziele zu erreichen, nämlich die Vollauslastung seines gesamtwirtschaftlichen Angebotspotentials. Es muß nicht an Spar- oder Investitionslücken, an unzureichenden Potentialauslastungsgraden, der Unterschätzung seiner Produktivitäts- und Beschäftigungsmöglichkeiten scheitern. Man muß »nur« wissen, wie das makroökonomische Zusammenspiel der volkswirtschaftlichen Aggregate funktioniert, wovon dessen Funktionstüchtigkeit abhängt und wie der Sand, der in sein Getriebe geraten könnte, wieder entfernt werden kann, ohne den Betrieb zu gefährden.

Entscheidend für die Beantwortung dieser Fragen ist das Wissen um die Beschaffenheit von Keynes' zentraler gesamtwirtschaftlicher Bezugsgröße, dem auszulastenden Beschäftigungspotential. Diese geheimnisvolle Größe besteht aus zwei nichtmonetären Daten oder Vorgaben: der aktiven Berufsbevölkerung (die deutsche Arbeitsmarktstatistik spricht von Erwerbspersonen, die erwerbstätig oder arbeitslos sein können) und den Fähigkeiten dieser Leute, also der durchschnittlichen Arbeits- oder richtiger Humankapitalproduktivität – wobei Keynes es vorzieht, diese pro Kopf und nicht pro Arbeitsstunde zu messen, und sich damit alle Schwierigkeiten vom Hals hält, die beispielsweise eine Arbeitszeitverkürzung mit sich bringt.

Die Berufsbevölkerung ist eine demographische Größe, die Humankapitalproduktivität ein historisch-kulturell-technologisches Datum: historisch, insoweit es von der Kapitalbildung früherer Zeiten und Generationen abhängt, kulturell, insoweit es den Wissens- und Ausbildungsstand einer Epoche reflektiert, und technologisch, insoweit es mit Veralterung und Erneuerung von Produktionsstrukturen (Produkten wie Verfahren) zusammenhängt. Keynes teilt mit W. Eucken, dem Vater der Sozialen Marktwirtschaft im Nachkriegsdeutschland, die Ansicht, daß das Analysieren von Daten und Vorgaben strenggenommen nicht das Metier des Ökonomen sein sollte. Dieser braucht schon alle Geisteskraft und vorhandene Humankapitalproduktivität, um den Einfluß der Daten auf den Wirtschaftsablauf und die Vorgaben der Wirtschaftspolitik für ihre ebenso effiziente wie sozial gerechte Nutzung herauszuanalysieren. Er sollte deswegen nicht auch noch den Amateurhistoriker oder -soziologen spielen. Zwar hielt sich Keynes selbst nicht an diesen Rat, aber ein Autor wie Adam Smith, dessen Stichwortindex mit A wie Abbasiden beginnt und mit Z wie Schlacht von Zama (202 v. Chr.) endet, war auch ihm eher ein Greuel als ein Vorbild.

Keynes' Gegner werden nicht müde, ihm den Vorwurf einer rein nachfrageorientierten, kurzfristigen, die zyklischen Schwankungen einer kapitalistischen Marktwirtschaft unnötigerweise dramatisierenden, ihre langfristigen Wachstumsschübe und Struktureffekte dagegen vernachlässigenden Betrachtungsweise zu machen – ein Vorwurf, der zwar die zeit- und situationsbezogenen wirtschaftspolitischen Empfehlungen der *General Theory* trifft, aber nicht diese selbst. Keynes sah nicht nur, daß der *gegebene* Produktionsapparat der meisten kapitalistischen Volkswirtschaften nicht voll ausgelastet war, er zeigte auch auf, warum. Er begründete Englands – und anderer Industrieländer – Verlust an Vollbeschäftigung, Wettbewerbsfähigkeit, erforderlichen Investitionen und Innovationen nicht mit einem eher verwirrenden Kombinationsspiel neu entdeckter Zyklen: einer geheimnisvollen Koinzidenz kurzer, mittlerer und langer Konjunkturwellen und -täler, wie es sein lebenslanger Rivale J. A. Schumpeter mit stupendem Arbeitseifer versuchte.

Keynes demonstrierte am Modell der *unterbeschäftigten* Volkswirtschaft – der Realität der dreißiger Jahre, die aber gleichwohl eine theoretische Irrealität war, denn dergleichen durfte es in einer markt- und preisgesteuerten Volkswirtschaft gar nicht geben – den logischen Zusammenhang zwischen Nachfrage- und Angebotsökonomie, zwischen Preis- und Einkommensanalyse, zwischen Ressourcenverteilung, -belohnung und gesamtwirtschaftlichem Wachstum. Wenn der durch Erwerbsbevölkerung und Humankapitalpotential vorgegebene Produktionsapparat nicht vollbeschäftigt war, bestand Nachfragemangel. Ergo mußte man auch nachfragepolitisch vorgehen, zumal wenn das Angebotspotential eine kräftige Tendenz zur Ausweitung zeigte. Schon in den Vorstudien zur *General Theory* erinnerte Keynes – sein *ceterum censeo* der zwanziger Jahre – daran, daß vor dem ersten Weltkrieg eine jährliche Nachfrageausweitung von zwei bis drei Prozent ausgereicht hatte, die Arbeitslosenrate auf niedrigstem Niveau (bei etwa 3 Prozent) zu stabilisieren – eine Idylle, die der erste Weltkrieg jäh beendet hatte: Die Frau als neuentdeckte und auch selbstbewußte Arbeitskraft, der Sprung in der Humankapitalproduktivität aufgrund besserer Ausbildung und neuer Technologien, die vor allem die Produktionsverfahren betrafen, von denen der Krieg eine Fülle gebracht hatte, all das ließ das Produktionspotential der kapitalistischen Industrieländer innerhalb kürzester Frist in bislang unbekannte Größenordnungen ausbrechen. Ergo *mußten* die zyklischen Ausschläge zunehmen – auch ohne Schumpeters Zyklenkabbala!

Aber der Keynes der *General Theory* greift darüber hinaus. Wenn der vorgegebene Produktionsapparat ohne nachfragepolitische Nachhilfe schon nicht voll ausgelastet und beschäftigt werden kann, dann lohnen sich dynamische und innovative Wachstumssprünge nicht nur nicht. Sie wären sogar kontraproduktiv für ihre dann nicht wagemutigen, sondern waghalsigen Auslöser – die Unternehmer – und für die von ihren Pleiten mitbetroffenen Arbeitnehmer!

Über Keynes' *General Theory* steht daher als ungeschriebenes, aber unüberlesbares Motto: First things first. *Erst* das *gegebene* Angebotspotential *voll* beschäftigen, *dann* das *neue* (das sich erst danach voll beschäftigen läßt) *schaffen!*

Wer gemeint hat oder noch immer meint, Keynes habe lediglich eine Anti-Depressionsökonomie für den politischen Alltag der dreißiger Jahre entworfen, eine Nachfrageökonomie unter Vernachlässigung der längerfristigen Angebots-, Innovations- und Verkrustungsaspekte der sowohl spontanen wie regulierten kapitalistischen Entwicklung, hat seine *General Theory* entweder nicht richtig gelesen oder als Denkansatz falsch verstanden. Erst muß das Problem der gegebenen Angebotspotentiale oder

-kurven gesehen und gemeistert werden, was bereits – gegeben das theoretische Denken und Wissen der Keynes-Zeit (und unserer eigenen!) – ein erhebliches Neu-, Um- und Andersdenken und Handeln der für die marktwirtschaftlichen Entscheidungen Verantwortlichen voraussetzt und verlangt, jedenfalls gemessen am ebenso naiven wie populären »Die-Marktwirtschaft-wirds-schon-richten«-Gefasel seiner (und unserer) Zeit. Erst dann – wenn überhaupt – stellt sich das Schumpeterproblem der Schaffung neuer und innovativer Angebotspotentiale und -kurven.

Denn – das ist die ebenso theoretische wie empirisch-fundierte Botschaft der *General Theory* – eine Volkswirtschaft mit knappen, weil vollbeschäftigten Ressourcen ist von Natur aus fortschrittsträchtig und zukunftsbezogen. Weil die Nachfrage da ist (und gesichert bleibt), können die neuen Produkt- und Prozeßinnovationen gewagt werden: ihre Finanzierungs- und Beschäftigungsrisiken bleiben – relativ – klein, überseh- und berechenbar. Vor allem droht keine aus neuen Technologien und Kostendruck der Betriebe entspringende Massenarbeitslosigkeit! Der mögliche Fortschritt darf nicht – wie heute – zur akuten Gefährdung der unerläßlichen Vollbeschäftigung werden.

Dennoch machte diese zeitlose Botschaft der *General Theory* ihren Verfasser nicht blind für die nach ihrer Abfassung heraufziehenden neuen Gefahren. Ihre Stichworte heißen: zweiter Weltkrieg und kriegsfinanzierungsbedingte Hyperinflation, nicht nur in und für England. Keynes hält wenige Tage nach Kriegsausbruch eine die Gemüter aufwühlende Vorlesung in Cambridge: »War Potential and War Finance«. Seine Freunde bestürmen ihn, sie zu veröffentlichen. Aus einer Artikelserie für die »Times«, diesmal unter dem exakteren Titel *The Limitation of Purchasing Power: High Prices, Taxation and Compulsory Savings*, die im Herbst 1939 erscheint, wird ein halbes Jahr später sein Buch *How to Pay for the War* von 1940. Wieder greift Keynes auf einen alten Gedanken zurück, den er jetzt zu Ende denkt. Inflation, so hatte er bereits im *Tract on Monetary Reform* von 1923 entdeckt, sei im Grunde eine Steuer: Sie nehme den einen (den Inflationsverlierern), was sie den anderen (den Inflationsgewinnern) gebe. Sie sei, so hätte er auch formulieren können, nichts anderes als die unzivilisierte Schwester legaler Besteuerung[18].

In *How to Pay for the War* baute er diesen Gedanken aus. Der Krieg werde durch systematische Vernichtung produktiven Angebotspotentials, das nun für die Deckung des zivilen Konsum- und Investitionsbedarfs ausfalle, zu einer permanenten »Güterlücke« führen, was im Endeffekt einer permanenten Übernachfrage gleichkomme. Das für zivile Zwecke verfügbare Angebotspotential werde nicht mehr (wie noch vor kurzem) unterausgelastet bleiben, sondern überfordert werden. Gleichzeitig verlange die Kriegsanstrengung eine gewaltige Aufstockung der Investitionen, allerdings der staatlichen, nicht der privaten. Um das neue, gewaltige Gesamtinvestitionsvolumen finanzieren zu können, habe man nur die Wahl, entweder die private Investition oder den privaten Konsum oder beides zu komprimieren, wofür wiederum alternativ entweder die Inflation oder die Besteuerung zur Verfügung stünden. Inflation hieße, dem Einkommensmultiplikator – nach oder trotz Erreichen der Vollbeschäftigung – freien Lauf zu lassen und hinzunehmen, daß er dann statt realer Einkommens- und Beschäftigungseffekte reine Preiseffekte erzeugt. Besteuerung dagegen bedeute, die (kriegsbedingte) »Sparlücke« statt durch inflatorisches und sozial unkontrollierbares monetäres Zwangssparen durch ein fiskalisches und sozial kontrollierbares zu ersetzen. Keynes nachgelieferte Inflationsanalyse ist in zweifacher Weise interessant.

Erstens ist sie, obwohl keynesianisch in der Terminologie, klassisch. Jeder Neoklassiker oder moderne Monetarist könnte sie unterschreiben. Herrscht erst einmal Vollbeschäftigung, dann läßt sich aus dem gegebenen Produktionspotential kein Quentchen Mehrproduktion und -beschäftigung herausquetschen. In dieser Situation gelten wieder die alten Ergebnisse der »Quantitätstheorie des Geldes« nach I. Fisher. Diese besagt, daß bei gegebenem (= unvermehrbarem) Güterumsatzvolumen (H) jede Vermehrung der Geldmenge (G) bei gleichbleibender Umlaufgeschwindigkeit (U) nur noch die Preise (P) steigen lasse – wobei der Ausdruck G·U lediglich eine andere Schreibweise für die effektive Güternachfrage darstellt. Gerade aber diese Lesart der Quantitätsgleichung von links nach rechts G·U ⇒ H·P hatte Keynes in der *General Theory* mit einem dicken Fragezeichen versehen, denn das bedeutet, daß die Geldseite und nicht die Güterseite die Preisbewegungen verursacht. Dort arbeitete er nämlich noch mit der Prämisse, daß Unterbeschäftigung herrsche oder, quantitätstheoretisch ausgedrückt, mit der Annahme, daß H, beziehungsweise in Keynesscher Diktion das reale Sozialprodukt E, durch das Angebot reichlicherer und billigerer Geld- und Finanzierungsmittel noch gesteigert werden könne; ergo bedeute mehr Geld (dG) und/oder eine höhere Umlaufgeschwindigkeit des Geldes (dU) nicht einen Anstieg der Preise um dP, sondern zunächst einmal einen Anstieg der Güterumsätze um dH, beziehungsweise dE.

Wiederum ist nicht einfach zu erkennen, was Keynes zu dieser Konzilianz veranlaßt hat. Wollte er der »Klassik« die Kapitulation versüßen, indem er großmütig konzedierte, daß ab Vollbeschäftigung wieder ihr Ancien régime auf den Thron zurückkehren dürfe, vielleicht sogar müsse, weil sonst zu viele umverteilen, was real ja gar nicht vorliegt, und die darüber ausbrechenden Verteilungskonflikte das mühsam erreichte Vollbeschäftigungsgleichgewicht wieder gefährden? Oder wollte er nur die Quantitätstheorie, dieses älteste und ehrwürdigste Denkmal der Geldwissenschaft, retten? Schließlich markiert sie den Beginn jedweder Geldtheorie und erbrachte bereits Ende des 17. Jahrhunderts den Beweis für die Notwendigkeit möglichst unabhängiger und sachkundig geleiteter Zentralbanken. Keynes hatte nicht nur Sinn für Geschichte, sondern auch für Pietät.

Wie auch immer: Daß Keynes in Kriegszeiten die Quantitätsgleichung wieder von links nach rechts statt von rechts nach links lesen ließ, verwirrt noch immer. Leben sich ab Vollbeschäftigung Geld- und Güterkreislauf wieder auseinander? Wandeln absolute und relative Güterpreise dann wieder auf getrennten Pfaden? Wird aus der Umlaufgeschwindigkeit U, dem geldstatistischen Reflex der Liquiditätspräferenz als der unberechenbarsten aller keynesianischen Kreislaufgrößen, wieder eine brave (spätmonetaristische) Konstante? Seinem Antipoden Milton Friedman konnte Keynes keine Freude machen; denn der trug damals noch den Matrosenanzug. Oder wollte Keynes nur seinen späteren, kundigsten Werkbetreuer ärgern, D. E. Moggridge, der meinte, Keynes habe die rein statische Quantitätstheorie in eine »Qualitätstheorie des Geldes« verwandelt[19]?

Die zweite Kuriosität der Inflationsanalyse aus *How to Pay for the War* beruht auf ihrer apodiktischen Behauptung (oder Unterstellung), daß nur Übernachfrage (demand pull) das Inflationsphänomen erkläre und nicht etwa monopolistischer Kostendruck (cost push). Keynes, der zeitlebens das Konkurrenzmodell seiner klassischen Opponenten als durch keinerlei Fakten gedeckten Glaubensartikel verwarf, erwies sich in diesem Punkt als Faktenbagatellisierer. Wenn sich Keynes' Stärke, für ein unerklärbares Problem eine klärende Theorie zu entwickeln, irgendwo als Schwäche erweist, dann hier; denn im Kontext »seiner« Theorie brauchte er zur Erklärung des Inflationsphänomens gar nicht auf die Quantitätsgleichung zurückzugreifen. Wenn H · P oder, in keynesianischer Terminologie, das zu laufenden Preisen bewertete Sozialprodukt (oder monetäre Volkseinkommen) E sowieso den zu seiner Finanzierung unerläßlichen Geldbedarf bestimmt, dann kann dies auch aufgrund kostenbedingter (oder monopolistischer) Preise geschehen – auch und lange vor Erreichung des Vollbeschäftigungspunktes.

Tatsächlich hat Keynes mit seiner Anleihe an die klassische, nachfragebedingte Inflationshypothese zur Verwirrung über seine eigene Position beigetragen. Hatte doch gerade seine treueste und streitbarste Schülerin, Joan Robinson, in ihrer *Economics of Imperfect Competition* von 1933 (parallel zu E. H. Chamberlins *Theory of Monopolistic Competition*, ebenfalls von 1933) den Weg für Keynes' spätere Lesart der Quantitätstheorie aus der *General Theory* – seine »Qualitätstheorie« des Geldes – geebnet. Es ist nämlich nicht die Geldmenge, die sich (zusammen mit ihrer Umlaufgeschwindigkeit) ihr in Geldpreisen bewertetes Sozialprodukt oder Volkseinkommen sucht – eine Position, die heute, so als ob es Keynes nie gegeben hätte, die neoklassischen Monetaristen vertreten. Es ist vielmehr das in Geld bewertete Sozialprodukt oder Volkseinkommen, das seine Geldmenge (samt dazugehöriger, variabler Umlaufgeschwindigkeit) findet. An diesem

Punkt scheiden sich noch immer die Geister von Keynesianern und Monetaristen[20].

Dennoch behielt Keynes in den Jahren nach 1940 mit seiner zwar zeitbezogenen, aber unzureichenden Inflationshypothese, vor allem aber seiner darauf aufbauenden Antiinflationsstrategie recht – diesmal allerdings nicht, weil seine Theorie gestimmt hätte. Es war die Situation, die sich geändert hatte. Der Krieg mit seiner unnatürlichen, unökonomischen Ressourcenverschwendung hatte die alte klassische Mangellage, die Angebotslücke trotz voller Potentialauslastung, wiederhergestellt. Die langen Jahre des Wiederaufbaus und der Nachkriegswirtschaftswunder – nicht nur in der Bundesrepublik Deutschland allein – hielten sie über Jahrzehnte hinaus aufrecht und »bestätigten« somit gleichsam den falschen Inflationsansatz.

Diesem Keynesschen Irrtum verdanken wir die Ansätze und Instrumente der modernen globalsteuernden Stabilitätspolitik. In dieser Situation kann man nicht nur, man muß die Geldmenge auf die zu erwartenden Mengeneffekte (die zu erwartende reale Wachstumsrate des Sozialprodukts) hin begrenzen. Insofern stimmen Monetarismus à la Keynes und Monetarismus à la Friedman überein, obwohl der letztere nicht begeistert wäre, wenn man ihn als einen »reduzierten Keynesianer« bezeichnete. Jedoch selbst wenn sich Keynes und Friedman darauf einigen könnten, welche reale Zunahme des Sozialprodukts zu erwarten wäre (bei Vollbeschäftigung selbstredend eine weitaus geringere als bei Unterbeschäftigung der verfügbaren Angebotsressourcen und -reserven), würde bei Keynes die Geldmengenbeschränkung dazu dienen, um durch höhere Geld- und Kreditzinsen die Güternachfrage, vor allem nach Investitionsgütern, zu begrenzen und im Einklang mit dem zum gegebenen Preisniveau verfügbaren Güterangebot zu halten, während Friedman sie dazu benötigte, um den quantitätstheoretischen Direktdurchschlag der Geldmenge auf das Preisniveau in den Grenzen zu halten, die stabilitätspolitisch vertretbar sind. Friedman, nicht Keynes müßte erklären, wie das, ohne Zins, Einkommen, Investition und Ersparnis zu verändern, vor sich gehen solle. Wozu aber das Aufsehen, wenn im antikeynesianischen Monetarismus lediglich ein paar Zwischenglieder (und -gleichungen) fehlen?

Wer an die Von-links-nach-rechts-Lektüre und -Wirkung der Geldquantitätsgleichung glaubt, hat Keynes' zentrale und epochale Entdeckung mit seinem theoretischen Radiergummi ausgelöscht – die Instabilität eines sein Geld so *oder* so benutzenden Privatsektors. Er hat sie durch die Gegenthese ausgewechselt, daß nichts so stabil sei und bleibe wie ein Privatsektor, dem man verspricht, nur so viel Geld zur Verfügung zu stellen, wie er zur Finanzierung seines produktivitätsbedingten Sozialproduktwachstums braucht. Eine Glaubensfrage? Nein, eine Grundentscheidung darüber, für welche Art von Wirtschaftspolitik man sich – unabhängig von Unter- oder Vollbeschäftigung – entscheidet: ob man sie mit Keynes differenziert gestalten, mal auf (mehr) Wachstum, mal auf (mehr) Preis-, mal auf (mehr) Beschäftigungsstabilität abzielen will, je nachdem, welches dieser Ziele gerade am meisten verletzt wird; oder ob man sie mit Friedman und seiner Schule auf das *eine* Ziel der Preisstabilität einengt – nach dem Motto »Der inhärent stabile private Sektor hilft sich selbst am besten«, zumal mit stabilisierten Preisen.

Keynes war also schlecht beraten, als er dieser »antikeynesianischen Revolution« oder Restauration Vorschub leistete, indem er seinen quantitätstheoretischen Frieden mit der »Klassik« schloß. Die Geburt einer die Stabilität des Preisniveaus statt der Beschäftigung in den Mittelpunkt stellenden wirtschaftstheoretischen und -politischen »Neoklassik« war danach nur noch eine Frage der Zeit und der Umstände. Beide, Zeit wie Umstände, stellten sich ein, als durch die Wirtschaftswunder der Nachkriegszeit in vielen westlichen Industriestaaten nicht die Arbeitslosigkeit, sondern die teils hausgemachte, teils importierte Inflation zum Hauptproblem der Wirtschaftspolitik wurde.

Hatte Keynes den Zeitgeist der dreißiger Jahre für seine Erweiterung des ökonomischen Horizonts deswegen auf seiner Seite gehabt, weil sich daraus probate Rezepte gegen das Weltübel der Depression gewinnen ließen, so schlug sich derselbe Zeitgeist nach 1950 – opportunistisch, wie er nun mal ist – ins andere Lager: Die Depression war (nicht zuletzt dank Keynes) vorüber; ergo galt es nun diejenigen zu unterstützen, die vorgaben, die Inflation, und nichts als die Inflation, zu bekämpfen.

Keynes jedoch sah zur Zeit des zweiten Weltkriegs noch keinen Grund, um über die Spezialität seiner Inflationshypothese aus *How to Pay for the War* nachzudenken. Sein Blick war mal wieder auf und in die Düsternisse der schon erkennbaren Zukunft gerichtet. Was würde sie bringen?

Erstens einen ziemlich sicheren Konflikt seiner neuen Wirtschaftslehre und -politik mit den Zwängen der Zahlungsbilanz in jenen Staaten, die wie England, aber auch die übrigen kriegszerstörten Industrieländer und die unterentwickelte Dritte Welt, deren Bedeutung Keynes als erster erkannte, mit schweren chronischen und strukturellen Importüberschüssen zu rechnen und zu kämpfen haben würden.

Zweitens eine mögliche Wiederholung der alten, folgenschweren Dummheit der Sieger von 1919, den Besiegten unerträgliche Reparationslasten aufzubürden, womit diese abermals in die Zwangslage versetzt würden, politische Schulden mit kommerziellen Exportoffensiven zu Lasten der alten Exportnationen bezahlen zu müssen.

Drittens eine gänzlich neue, unerfahrene und unberechenbare Leitökonomie, die Englands Platz einnehmenden Vereinigten Staaten. Der Gedanke an letztere bereitete Keynes das allergrößte Unbehagen; denn die Vereinigten Staaten, das einzige Land der Weltwirtschaft, das frei von Kriegszerstörung und Unterentwicklung und daher auch frei von Zahlungsbilanzsorgen in die Friedensära eintrat, würden ihren bereits gewaltigen Vorsprung noch vergrößern und dabei ihr binnenwirtschaftliches Produktionspotential wie bisher voll auslasten können. Der Rest der teils kriegszerstörten, teils unterentwickelten Welt stünde hingegen vor der Zwangslage, entweder mangels internationaler Liquidität, das heißt wegen der gewaltigen US-Dollar-»Lücke«, die der Wiederaufbau und die beschleunigte Nachholentwicklung der in die politische Freiheit entlassenen Exkolonien zwangsläufig aufriß, auf die gebotene forcierte Binnenexpansion verzichten oder die USA auf Knien um Carepakete, Lend-Lease oder andere milde Gaben und Hilfen anflehen zu müssen.

Die USA hatten es mehr denn je in der Hand, den Wiederaufbau, den Angleichungsprozeß der armen an die zumindest potentiell reicheren Nationen durch ihre eigene Zahlungsbilanz und deren Saldo zu bestimmen. Es war dabei noch nicht einmal sicher, ob die Leute in Washingtons White House und Treasury das wirklich begriffen! Eine konservative Währungs- und Haushaltspolitik der Vereinigten Staaten, die die US-Zahlungsbilanz ohne Defizit abschließen ließ, mußte den Anpassungsdruck der übrigen – importabhängigen – Länder bis zur Unerträglichkeit verschärfen. Mit diesem Extremmangel an Weltwährungsreserven von US-Dollar ließ sich weder zu Hause etwas erreichen noch eine freie Weltwirtschaft – jenseits von Protektionismus und Devisenbewirtschaftung – aufbauen. Zeigten sich aber die USA einsichtig und betrieben sie eine laxe Währungs- und Haushaltspolitik, so würden zwar die Anfangsdefizite der US-Zahlungsbilanz die Expansionsspielräume der Industrie- und Entwicklungsländer eine Zeitlang erweitern, aber diese Politik ließe sich nicht endlos fortsetzen. Der US-Dollar wäre zwar keine allzu knappe Währung mehr, aber dafür eine überbewertete, und Währungsaufwertungen auf der falschen Seite, nämlich bei den Defizitnationen, waren auch kein Ausweg aus dieser Sackgasse. Statt die Deflation durch die Abwertung abzuschwächen, würde man sie durch die Aufwertung verschärfen müssen.

Keynes begriff, daß das Schicksal »seiner« Vollbeschäftigungsbotschaft und -lehre von der Gestaltung des US-Zahlungsbilanzsaldos abhing und daß dies weder für die Vereinigten Staaten selbst noch erst recht für die von der US-Währung abhängigen Weltwirtschaftspartner eine befriedigende Lösung war. Die große Errungenschaft der nationalstaatlichen Vollbeschäftigungspolitik mit monetären und fiskalischen Mitteln mußte nach außen abgesichert werden. Dies lag nicht nur im Interesse einer, sondern aller Nationen.

Keynes entwickelte ein ebenso einfaches wie folgerichtiges, die innere Vollbeschäftigungspolitik mit der äußeren Zahlungsbilanzpolitik kombinierendes Weltwährungssystem: das Modell einer ihre Handels- und Zahlungskonflikte auf friedlichem Wege, nämlich institutionell, lösenden Weltwirtschaft. Der der Bretton-Woods-Konferenz als amtliches Dokument der britischen Regierung vorgelegte Keynes-Plan verstand sich selbst als ein verbesserter Goldstandard, aber ohne Rückgriff auf das »barbarische Relikt« (Keynes), als ein verbesserter Leitwährungsstandard, aber ohne dessen »unerhörte Privilegien« (de Gaulle), als ein Kompromiß aus dem »monetären Nationalismus« (von Hayek) der *General Theory* und jenem internationalen Monetarismus, mit dem Keynes sein nationalstaatliches Vollbeschäftigungskonzept nunmehr abrunden und krönen wollte.

Wie sollte das Keynes-Modell funktionieren? Eine Quasi-Weltzentralbank, seine sogenannte *Clearing-Union*, sollte ein für alle angeschlossenen nationalstaatlichen Zentralbanken verbindliches Rechen- und Reservegeld ausgeben, den »bancor«. Sie sollte ferner auf Rechnung dieser Zentralbanken deren Zahlungsbilanzausgleich über die bei der Clearing-Union unterhaltenen Bancor-Konten vornehmen. Gleichzeitig sollte eine zweite Institution, ein Investitions- oder *Strukturfonds*, den langfristig-strukturellen Kapitalbedarf der teils kriegszerstörten, teils unterentwickelten Weltwirtschaftsmitglieder ausgleichen. Dieser sollte aus Regierungsmitteln und nicht aus Anleihen finanziert werden, um sowohl eine Überforderung der »laufenden« (kurzfristigen) Bancor-Konten bei der Bank wie auch der freien internationalen Kredit- und Kapitalmärkte auszuschließen: Das neue System sollte weder durch Bancor-Inflation noch durch Kredit- und Zinseskalation sozusagen in der Wiege erwürgt werden. Schließlich erfand Keynes noch einen ebenso gerechten wie einleuchtenden neuen Anpassungsmechanismus: Nicht nur Bancor-*Schuldner* sollten der Bank Kredit- oder Strafzinsen zahlen, sondern auch Bancor-*Gläubiger* für ihre aus Überschüssen entstandenen Bancor-Guthaben.

Daß Schuldner für die Kreditinanspruchnahme Zinsen zahlen müssen, auch wenn diese bisweilen als unzumutbar empfunden werden, galt und gilt als Selbstverständlichkeit. Daß aber Gläubiger für verdiente Guthaben Zinsen zahlen müssen, das war neu, um nicht zu sagen revolutionär. Die Begründung hierfür war jedoch einfach. Keynes, der Weltökonom, wußte, daß jede weltwirtschaftliche Leistungsabrechnung wie jede Skatabrechnung auch ein »Null-Summen-Spiel« darstellt. Die Summe aller Gewinne und Verluste ergibt Null. Niemand allerdings, auch kein noch so genialer Weltökonom, kann exakt angeben, ob hierbei die Gewinne die Verluste hervorrufen oder umgekehrt. Waren die Defizitländer an ihren Defiziten selbst schuld, oder rutschten sie nur deswegen ins Minus, weil ihnen die Politik der Gläubigerländer gar keine andere Chance ließ? Der von Keynes der in den Sommermonaten 1944 in Bretton Woods (einem damals mondänen, heute verblichenen Skiort der White Montains in New Hampshire, einige 100 Kilometer nordöstlich von New York) tagenden Weltwährungskonferenz vorgelegte Plan verfolgte Naheliegendes, zielte aber gleichzeitig weit über den Tag nach Kriegsende hinaus.

Mit der Umstellung von der Kriegs- zur Friedenswirtschaft, der Reintegration von Millionen von Soldaten in den Arbeitsmarkt entstand nicht nur ein gewaltiger Überhang der Investitionsnotwendigkeiten über die Sparmöglichkeiten, sondern, was schwerer wog, ein reißender Importsog, eine Ein-Weg-Weltwirtschaft. Die intakt gebliebene US-Wirtschaft würde liefern, der teils kriegszerstörte, teils unterentwickelte Rest der Welt würde zwar kaufen wollen, aber nicht bezahlen können. Man brauchte also auf kurze Sicht US-Güter und US-Dollar-Kredite und -Hilfen, um die eigene US-Dollar-Lücke zu schließen, aber auf lange Sicht eine US-Ökonomie und eine US-Wirtschaftspolitik, die der naheliegenden Versuchung widerstand, den strukturellen Exportüberschuß der Vereinigten Staaten im Sinne einer Strategie des exportgeführten Binnenwachstums festzuschreiben. Ein solches Vorgehen hätte zum einen die Regeneration der alten Industrieländer behindert und zum anderen die Position der US-Währung als »knappster Währung« der Welt verfestigt und verteuert.

Keynes Nahziel, die Schließung der wiederaufbaubedingten US-Dollar-Lücke nach dem Kriege, hätte sich auch ohne ein neues Weltwährungssystem erreichen lassen, nämlich durch milde Gaben und Hilfen der Vereinigten Staaten (Marshall-Plan, Entwicklungshilfe, Kreditprogramme). Nicht so jedoch das Fernziel: der Abbau der einseitigen, zeit- und situationsbedingten US-Überschußposition sowie die Öffnung des US-Marktes für die neuen Produktionen und Produkte der wiederaufgebauten alten Industrieländer in Westeuropa und im Fernen Osten.

Keynes' Idee der symmetrischen Strafzinsen für zu hohe Bancor-Last- *und* Gutschriften auf den Konten der nationalen Zentralbanken bei der Weltzentralbank sollte nicht nur gutes Schuldner- und gutes Gläubigerverhalten unter den Mitgliedsstaaten sicherstellen; die Schuldnerstaaten sollten nicht im Vertrauen auf »automatische« Ziehungsrechte (Überziehungskredite) über ihre Verhältnisse, die Gläubigerstaaten nicht zwecks Anlage eines »Juliusturmes« in Fremdwährungsreserven unter ihren Verhältnissen leben. Entscheidend war, daß, wie im alten Goldstandard, das Vorzeichen der Zahlungsbilanz, in diesem Fall der Saldo des bei der Clearing-Union geführten Bancor-Kontos, auf die nationale Binnenwirtschaftspolitik durchschlug. Die überschußträchtigen Vereinigten Staaten sollten auf eine langfristige Expansionspolitik festgelegt werden, um den vom knappen US-Dollar ausgehenden restriktiven Zahlungsbilanzdruck auf den Rest der Welt zu mindern, wenn möglich zu minimieren.

Eine solche Politik lag nicht nur im Interesse der Nachholstaaten aus der Ersten und Dritten Welt, sondern auch im Interesse der Leitökonomie USA selber. Aus der Offenheit des Weltmarktes konnte sie reale Einkommenseffekte, Zuschüsse zum selbst produzierten Inlands- oder Sozialprodukt beziehen, die zusätzlichen Konsum und zusätzliche Investitionen ermöglichten, die Funktion und Rolle der Vereinigten Staaten als Weltkonjunkturlokomotive festschrieben.

Weil allerdings Keynes (und wie sich später zeigte zu Recht) dieser Selbsteinsicht der Vereinigten Staaten mißtraute, verlangte er, daß sie an den Spruch und die Signale eines Unabhängigen gebunden würden. Diese neutrale Instanz sollte eben seine von allen Mitgliedsnationen dieses Systems getragene Clearing-Union oder Weltzentralbank sein. Ihre am jeweiligen Stand des Bancor-Kontos orientierten Strafzinsbefehle würden die Überschußländer zu vermehrter Binnenexpansion verurteilen und damit die Wachstums- und Vollbeschäftigungschancen der Defizitländer erhöhen. Die währungsstarken Nationen sollten somit den währungsschwachen Nationen doppelt helfen: durch Kredite und eine (ihren Exporten) entgegenkommende Wirtschafts-

Internationale Währungskonferenz in Bretton-Woods, New Hampshire, USA, 1944

Keynes als Mitglied der internationalen Sachverständigen-Kommission zur Stabilisierung der Reichsmark, Berlin 1922

politik. Keynes hatte bis zuletzt geglaubt, daß sich die Vereinigten Staaten, der stärkste Verhandlungspartner am Tisch der Bretton-Woods-Konferenz, der Logik dieses Gedankens, der durchaus im Rahmen ihrer eigenen für die Nachkriegsära programmierten Politik lag, beugen würden; aber mächtige Nationen, selbst gutwillige, wollen selbst entscheiden – nicht andere für sich entscheiden lassen. Die USA akzeptierten fast alle von Keynes mit seinem Plan verfolgten Ziele, aber nicht dessen Instrumente. Sie waren für einen weltweiten Ausgleich der Zahlungsbildungsbilanzen, eine Finanzierung der unerläßlichen Kapitalimporte in die kriegszerstörten und unterentwickelten Regionen, aber gegen das Instrument automatischer Überziehungskredite und Kreditzuweisungen zweier überstaatlicher Organe, nämlich Weltzentralbank und Fonds. Sie plädierten für diskretionäre Hilfeleistungen im Rahmen des Marshall-Planes, der Entwicklungshilfe und in Form von Länderkreditprogrammen. Sie waren für eine weltweite Konvertierbarkeit möglichst vieler Währungen zu möglichst festen und langfristig stabilen Wechselkursen, aber nicht auf Basis des Keynesschen Bancor, sondern ihres US-Dollar. Schließlich hatten sie den Krieg gewonnen und nicht eine noch zu gründende Weltzentralbank mit einer noch auszugebenden und noch unbewährten Kunstwährung wie dem Bancor. Als die USA nach quälenden Debatten den Keynes-Plan verwarfen und ihren eigenen White-Plan (benannt nach ihrem Chefunterhändler H. D. White) durchsetzten, hatten sie zwar Keynes' Institutionen, Instrumente und Regeln vom Tisch gefegt, den Geist seines Planes jedoch übernommen.

Aus der Weltzentralbank wurde ein Internationaler Währungsfonds (IWF), der nicht sein eigenes Geld ausgab, sondern von den Einlagen (Quoten) seiner Mitgliedsländer und deren Zentralbanken lebte. Er erhielt nur einen Bruchteil der Souveränität und Autorität seines keynesianischen Vorbildes zugestanden. Hierunter leidet heute nicht nur der IWF. Aus dem Struktur- und Investitionsfonds für die kriegszerstörte und die unterentwickelte Welt wurde eine Bank: die Weltbank. Sie erhielt zwar eine Grundausstattung aus Regierungsmitteln, sollte aber, anders als Keynes es ursprünglich vorgesehen hatte, ihre laufenden Darlehen aus eigenen Anleihen bestreiten. Wollte man verhindern, daß sich aus dem Kapital- und Kredithunger erst der Ersten, dann der Zweiten Welt unliebsame Verschuldungs- und Zinseskalationsexzesse entwickelten, so mußte man das Geschäft der Weltbank quantitativ zügeln. Dies geschah durch strenge Aufsicht im Board und nationale Zulassung auf den in Frage kommenden nationalen Kapitalmärkten. Das Ergebnis war ein Institut der begrenzten Möglichkeiten. »Mein Gott«, soll Keynes gemurmelt haben, »jetzt habt ihr aus meiner Bank einen Fonds, aus meinem Fonds eine Bank gemacht.« Der Effizienz und der Lebensdauer des Bretton-Woods-Systems ist diese Verwechslung nicht gut bekommen. In Sachen »Strafzinsen für Gläubiger« fanden sich White und seine Auftraggeber erst recht zu keinem Kompromiß bereit. Ein Eingriff von Bank oder Fonds in die innere Währungs- und Politiksouveränität des Siegers des zweiten Weltkriegs und auf Jahrzehnte hinaus mutmaßlich größten weltwirtschaftlichen Überschußpartners stand nicht auf ihrer Traktaandenliste. Dergleichen überforderte nicht nur die Politik, sondern auch ihr Moralverständnis. Der Schuldner und nicht der Gläubiger war an seinem Unglück schuld: Er hatte über die Verhältnisse gelebt, nicht der Gläubiger unter den seinen.

Shylock setzte sich also durch, nicht Keynes; dieser hatte 1929 wie auch 1944 miterleben müssen, daß erfolgsorientierte Ökonomen zwar vieles verstehen, aber eines niemals einsehen: daß wirtschaftlicher Mißerfolg nicht immer aus Mißwirtschaft resultiert, sondern oft aus unverschuldeten, unglücklichen Umständen und daß gestundete oder gar erlassene Schulden oft ein besseres Geschäft darstellen als eingegangene oder eingetriebene. Man spart nämlich die Kosten der Anpassungskrise.

Keynes ertrug die Verstümmelung seines Systems mit dem ihm eigenen schwarzen Humor: »Das ist kein Währungssystem mehr, sondern eine Kneipe, in der der bezechte Wirt seine Gäste verführt mitzuhalten. Wer unangemessen nüchtern bleiben will, fliegt raus. Der beschwipste Wirt setzt ihn eigenhändig vor die Tür«, soll er vor Freunden gewitzelt haben[21]. Es dauerte bis zum Frühjahr 1973, bis der von Keynes vorhergesagte Zusammenbruch des Bretton-Woods-Systems eintrat; nur es war nicht der beschwipste Wirt, der die nüchternen Gäste an die Luft setzte. Die Gäste setzten den Wirt vor die Tür.

Waren die dreißiger Jahre Keynes' Zeitalter der nationalen Krisenbekämpfung und Wiedergewinnung stabiler Beschäftigungs- und sozialer Wohlfahrtsverhältnisse aus dem Geist und der Grundlage der *General Theory* und waren die vierziger (Kriegs-)Jahre, zumindest im demokratischen Lager, die Jahre der mit Keynes' *How to Pay for the War* gebändigten oder zurückgestauten Inflation, so wurden die Jahre nach 1945 Keynes' drittes Zeitalter eines weltweiten monetären Internationalismus: des Wiederaufbaus einer Weltwirtschaft auf der Grundlage eines soliden Weltwährungssystems. Zwar waren seine *Proposals* für diese Welt nur dem Geist und nicht dem Buchstaben nach erfüllt worden, seine Handschrift war jedoch unübersehbar. Noch zweimal trat sie in politischen Entschlüssen und Entscheidungen zutage: in den Jahren 1947–57, als die Europäer den in Washington verworfenen Keynes-Plan in Europa als regionales Subsystem auf Zeit in Gestalt der Europäischen Zahlungs-Union (EZU) verwirklichten, und 1969, als nach langen Vorbereitungen dem IWF doch noch ein Ableger des Keynesschen Bancor, die sogenannten Sondererziehungsrechte (SZR), anvertraut wurden. In beiden Fällen spielte Robert Triffin, einer der wenigen Keynesianer, die auch Keynes anerkannt hätte, eine wichtige Hebammenrolle[22].

Die EZU verrechnete zehn Jahre lang die innereuropäischen Zahlungsbilanzsalden auf multilateraler Basis und glich den Endsaldo jedes EZU-Mitgliedes auf der Grundlage einer eigenen Rechnungseinheit teils in Kasse, also in Hartwährungen, teils in Krediten, die die Gläubiger bei ihren Schuldnern stehen ließen, aus. Europa war einer eigenen Währungspersönlichkeit niemals näher als damals. Es hatte seine eigene Rechnungseinheit und seine eigene Währungssolidarität; die Schuldner zahlten ihren Gläubigern nicht alles in bar, sondern nur einen Teil; die Gläubiger gewährten ihren Schuldnern für den Rest einen automatischen Beistandskredit, der später verrechnet wurde, und man stimmte seine innere Währungs- und Wirtschaftspolitik aufeinander ab. Erst als es den Europäern nach 1957 besser (manche sind sogar geneigt zu sagen wieder zu gut) ging, warfen sie dieses keynesianische Integrationsinstrument auf den Schrotthaufen der verbrauchten, von der Zeit überholten Modelle. In einer Weltwirtschaft der zunehmend freieren Währungs-, Devisen- und Kapitalmärkte hatte sich diese auf Europa beschränkte Technik der Handels- und Kapitalverkehrsabrechnung als Hemmschuh auf dem Wege zur weltweiten Konvertierbarkeit der europäischen Währungen erwiesen. Aber war sie das wirklich? Damals begann jene europäische Schizophrenie, die bis heute fortdauert: Man möchte die europäischen Währungen zwar weltweit dem Freihandel überlassen, aber sie trotzdem nationalstaatlich fest im Griff behalten. Man möchte zwar den Freihandel für die eigenen Exporte, aber trotzdem die Güter aus der nichteuropäischen Welt an den europäischen Zoll- und Preisgrenzen schröpfen. Diese Absicht ist weder keynesianisch noch neoklassisch oder gar klassisch zu nennen.

Die SZR (eine technokratisch verunstaltete Umschreibung für Keynes' Bancor) stellen ein vom IWF selbst ausgegebenes (aktiviertes) und nach dem Quotenschlüssel seiner Mitglieder zugeteiltes Weltreservegeld dar, das der IWF sowie viele Zentralbanken und Multinationals (zum Beispiel die in der IATA zusammengeschlossenen Luftfahrtgesellschaften) inzwischen auch als Recheneinheit benutzen. Wie beim Bancor könnten die Wechselkurse aller beim IWF registrierten und mit ihm akkordierten Währungen (über 150 an der Zahl) auch in SZR ausgedrückt und bei entsprechender Verabredung des IWF mit den beteiligten Zentralbanken kursgepflegt werden. Betrachtet man die SZR, wie den Bancor, als eine einer überstaatlichen Institution anvertraute Weltwährung, die weder einem Land (den Vereinigten Staaten oder England) noch einem privatwirtschaftlich organisierten Bankensyndikat (wie etwa den sogenannten Euro- oder Xeno-Dollarbanken) gehört, sondern jenseits von Nationaleigentum oder Privateigentum steht, dann erkennt man, daß der Keynes-Plan von 1944 noch immer auf seine Stunde wartet. Eine Weltwährungsgemeinschaft, die sich darauf verständigen würde, all ihre verschiedenen Währungen nicht wie bisher in einer zur Leitwährung erklärten nationalen Währung, zum Beispiel dem

US-Dollar, auszudrücken, sondern dafür eine übergeordnete Kunstwährung wie die SZR heranzuziehen, hätte mit einem Schlage die Weltwährungsdemokratie eingeführt, die US-Dollar-Privilegien abgebaut, sich von Höhen- oder Tiefflügen dieser nationalen Weltwährung abgekoppelt und zum erstenmal seit Keynes' *Proposals* die Chance, eine Abstimmung ihrer Haus- und Weltpolitiken über einen neutralen Schiedsrichter vorzunehmen. Genauso hatte es Keynes mit seiner Weltzentralbank, seinem Bancor, seinen symmetrischen Anpassungsregeln für Überschuß- und Defizitnationen vorgesehen[23].

Aber Bancor und SZR bedingen natürlich mehr als ein technokratisch verfaßtes Weltwährungsregime der festen und der auf eine feste Zahl begrenzten Wechselkurse, obwohl letzteres alles andere als eine Bagatelle ist. Fehlt es nämlich an einer Recheneinheit oder Wechselkursbezugsbasis – eine Gefahr, die dem heutigen Floatsystem jederzeit droht, wenn es zum Beispiel den US-Dollar verwirft, ohne sich als dessen Ersatz auf die SZR verständigt zu haben –, dann multipliziert sich die Zahl der möglichen (bilateralen) Wechselkursrelationen ins Unberechenbare; denn *n* nationale Währungen bilden ohne Leitwährung oder internationale Recheneinheit nicht $n-1$, sondern $n(n-1):2$ Wechselkurse, was bei 150 Währungen einen Anstieg von 149 auf 11 175 Wechselkurse bedeuten würde[24]. Worum es Keynes mit seinem Bancor ging und worum es uns mit unseren SZR, diesem monetären Oskar Matzerath, der zwergwüchsig, wachstums- und funktionsbehindert klein gehalten wird, noch immer geht, ist der Vorstoß in eine Währungswelt, in der das Geld der Nationen, gleichgültig, ob es nun DM, US-Dollar oder Pfund Sterling heißt, nichts anderes darstellt als den besonderen nationalen Namen für eine bestimmte Einheit Weltgeld. So wie im 1931 zu Grabe getragenen Goldstandard ein Pfund Sterling, ein US-Dollar, eine damalige Reichsmark ein Stück oder eine bestimmte Menge Goldes repräsentierte, so sollte im Keynes-Standard der Zukunft jede Bancor-Währung ein Stück oder eine bestimmte Einheit dieses Bancor verkörpern: das eine Geld der einen Weltwirtschaft.

Bretton Woods, sein System und seine Ära, war daher nur eine sehr unvollkommene Annäherung an Keynes' Vision des *einen* Geldes für die *eine* Weltwirtschaft. Aber was hat diese wenn auch unvollkommene Annäherung bewirkt?

In der Zeit von 1945 bis 1973, in der das Bretton-Woods-Abkommen Gültigkeit besaß, wuchsen Industrie- und Entwicklungsstaaten schneller und stärker zusammen als je in einem anderen, vergleichbaren Vierteljahrhundert. Auch wenn die Zunahme von Wohlstand, Integration und Prosperität in dieser Ära viele Wünsche offenließ und manche Erwartung enttäuschte, war die grundsätzliche Entwicklungstendenz positiv. Wir können nur ahnen, wie unser Wohlstand, unsere weltwirtschaftliche Integration und Verflechtung heute aussähen, wenn wir Keynes' letzte Botschaft, sein Vermächtnis, mit dem er sich auf den Weg zu den Verhandlungen machte, nicht unvollkommen, sondern *zu pari* erfüllt hätten. Was ihm vorschwebte, war die volle, institutionell verkoppelte Verzahnung seiner inneren Prosperitätspolitik mit den schwer berechenbaren Anpassungsprozessen an eine Weltwirtschaft, die pausenlos ihre eigenen Schocks und Spekulationsanfälle produziert.

»War es nicht ich [...] der einstmals schrieb: ›Gold ist ein barbarisches Relikt‹? Und sollte ich nun so ungläubig, vergeßlich oder senil geworden sein, daß ich auf dem Höhepunkt des Triumphes dieser Ideen, just zu dem Zeitpunkt, da Regierungen, Parlamente, Banken, Presse, Öffentlichkeit, ja die Wirtschaftswissenschaften selber die neuen Lehren akzeptieren, nun selber hingehe und neue Ketten schmiede, die uns fest an das alte Gefängnis fesseln?

Die öffentliche Meinung ist nun von diesem neuen und, wie ich glaube, stark verbesserten Modell der [auf Vollbeschäftigung zielenden] Wirtschaftspolitik überzeugt. Aber [...] die Schlacht ist noch nicht gewonnen. Eine nicht minder schwierige Aufgabe liegt noch vor uns. Es gilt den internationalen Rahmen zu organisieren, in den sich diese neue Politik bequem einpaßt. Gerade weil die neuen Ideen und Techniken der Vollbeschäftigungspolitik nur in einem internationalen System verwirklicht werden können, sind diese Vorschläge [gemeint sind die für Bretton Woods] so zu begrüßen.«

So kommentierte Keynes die weltwirtschaftliche Abrundung, Vollendung, um nicht zu sagen Krönung seiner ökonomischen Evolution, die er 1936 mit der *General Theory* eingeleitet hatte, in seiner letzten Rede vor dem House of Lords am 23. Mai 1944[25]. Sie ist und bleibt seine letzte Rede und sein Auftrag an die Enkel.

Die Utopie: Freiheit der Wirtschaft durch Beherrschung ihres Geldes – Globalsteuerung, Zinsen, Multiplikatoren

»Ich arbeite an einem Buch über Wirtschaftstheorie, das die Art, wie die Welt über ökonomische Probleme denkt, weitgehend revolutionieren wird – nicht auf einmal, wie ich annehme, sondern im Verlauf der nächsten zehn Jahre.«

Keynes an G. B. Shaw (am 1. Januar 1935)

Keynes' ökonomische »Revolution« teilt mit der planetarischen des Kopernikus das Schicksal ihrer falschen Übersetzung. Kopernikus berechnete neue Umlaufbahnen der Himmelskörper: *De Revolutionibus Orbium Coelestium* in sechs Büchern, 1543. Keynes berechnete neue Kreislaufbahnen irdischer Wirtschaftskörper: De Revolutionibus Orbium Terrestrium in seinen letzten drei Büchern zwischen 1936 und 1943.

In beiden Fällen wurde aus Umdrehung (De Revolutionibus) »Umwälzung« – die Korrektur eines Weltbildes, das bislang als wissenschaftlich bewiesen galt. Keynes korrigierte mit der klassischen Wirtschaftstheorie auch jenes »tableau économique«, das um die Mitte des 18. Jahrhunderts der französische Arzt François Quesnay entworfen hatte und das die parasitäre, ausbeuterische Natur des Ancien régime gnadenloser aufgedeckt hatte als alle Schriften und Aufrufe der Enzyklopädisten vorher und nachher[26]. Quesnays Entdeckung hatte sich in der Französischen Revolution entladen, die die alten Strukturen und deren Nutznießer brutal liquidierte, so wie 125 Jahre später die Marxsche (ein das physiokratische Schema fortschreibendes Kreislaufmodell) in Rußland. Nach Beendigung der Französischen Revolution wurde Quesnays Kreislaufidee von den Ökonomen der »Klassik« bearbeitet und modifiziert und auf diese Weise das Nouveau régime der kapitalistischen Unternehmer, Geldaufnehmer und Vermögensbildner (= Arbeitgeber) nicht nur etabliert, sondern auch legitimiert. Seitdem galten nachprüfbare Marktgesetze, denen sich alle zu unterwerfen hatten: Marktteilnehmer wie Obrigkeiten. Keynes' Entdeckung hingegen, die in der Erkenntnis besteht, daß auf diese unfehlbaren Marktgesetze nur bedingt Verlaß sei, weil ein möglicherweise spekulatives Geldnachfrageverhalten nicht nur die Identität von Sparen und Investieren aufhebe, sondern wegen der Eigengesetzlichkeit beider Prozesse auch noch die Gleichgewichtsbindung zwischen gesamtwirtschaftlichem Angebot und gesamtwirtschaftlich effektiver Nachfrage zerstöre (Keynes setzte hierdurch jenes dem Adam-Smith-Übersetzer J. B. Say zugeschriebene »Gesetz«, wonach sich »jedes Angebot seine Nachfrage schafft«, außer Kraft), veranlaßt weder eine reale noch eine soziale Revolution. Sie verlangt auch nicht, daß sich alt- und neugläubige Professoren oder Wirtschaftsgurus wechselseitig die Köpfe abschlagen. Sie verlangt nur eines, daß neu nachgedacht, das wirtschaftliche Umfeld (das Orbium terrestrium) gründlich überprüft und gegebenenfalls die Wirtschaftspolitik reformiert wird.

Auf die Wirtschaftspolitik nämlich kommt es an, wenn Keynes damit recht behält, daß auf die Marktgesetze nur bedingt Verlaß sei, und zwar sowohl was Wirtschaftswachstum, Vollbeschäftigung der verfügbaren Ressourcen als auch was die Preisniveau- oder Geldwertstabilität betrifft. Keynes' »Revolution« ist seine Globalsteuerung aller Marktwirtschaften, die den ökonomischen Kosmos bilden. Sie ist keineswegs nur für die deutsche Volkswirtschaft allein bestimmt, die seit dem Jahre 1967, als Karl Schiller die Bundesrepublik aus ihrer ersten und schwersten Rezession der Nachkriegszeit herausführte, über ein Stabilitäts- und Wachstumsgesetz (StWG) verfügt, in dem das aus dem Geiste der *General Theory* ableitbare wirtschaftspolitische Instrumentarium im Sinne einer General-Policy-Anleitung, streng zugeschnitten auf den Rahmen der marktwirtschaftlichen Ordnung, für jeden Wirtschafts- und Finanzminister bereitliegt, gleichgültig, aus welcher Partei er kommt. Keynes' Wirtschaftspolitik ist in diesem Sinne parteienneutral, da sie sich auf Ziele bezieht, die jede Partei befürwortet: Prosperität statt Depression, weltwirtschaftlicher Ausgleich statt Handelskrieg oder Ressourcenausbeutung, soziale Gerechtigkeit. Hierfür werden Mittel oder Instrumente bereitgestellt, die es in jeder geldgesteuerten Marktwirtschaft gibt: Geldmenge, Zins, Wechselkurs, die mit Parlamentsmehrheit abzustimmende Gestaltung von Staatsausgaben und -einnahmen, die Höhe des Staatsanteils am Sozialprodukt und der Staatsschulden an der gesamten Geldvermögensbildung. Nur ein Narr kann ernsthaft meinen, daß dieses StWG inzwischen überholt und anachronistisch geworden sei. Man kann sich allenfalls über die Zweckmäßigkeit des Einsatzes dieses oder jenes Instrumentes in einer gegebenen Situation streiten, aber nicht mehr über die Frage, ob auf makroökonomische Steuerung generell verzichtet werden könne. Dergleichen behaupten nicht einmal mehr die strengsten und dogmatischsten Antikeynesianer, selbst nach der »Wende« nicht[27].

Gerade aber auf seinem ureigensten Felde, nämlich bei der Auslotung dessen, was in der konkreten Bedarfslage die jeweils beste, weil situationsadäquate Wirtschaftspolitik sei, haben Keynes' Jünger und Interpreten dem Meister mehr geschadet als viele seiner Gegner. Die Lehrbücher verzeichnen noch immer vorzugsweise das Bild eines Keynes, der seine Lehre als »hydraulisches« Rechenwerk ökonomischer Kreislaufgrößen und -aggregate versteht. Der gesamtwirtschaftliche Nachfragestrom speist sich demnach aus verschiedenen Zuflüssen in sein Bett: aus Investitionen (I), Staatsausgaben (A_{St}) und Exporten (Ex), die seine Stärke anschwellen lassen. Diesem Strom effektiver Güternachfrage gehen Abflüsse verloren, die durch die Kanäle Sparen (S), Staats- oder Steuereinnahmen (E_{St}) und Importe (Im) markiert werden. In diesem Standardmodell[28] stimmt zwar immer die Einnahmen-Ausgaben-Gleichung:

$$I + A_{St} + Ex = S + E_{Et} + Im,$$

aber sie läßt offen, ob dabei jenes Volkseinkommen und jene Gesamtnachfrage herauskommen, die das vorhandene Produktions- und damit Angebotspotential überhaupt voll auslasten. Das sei jedoch noch kein Grund zur Sorge. Mit Hilfe des Standardmodells können nicht nur jede marktbedingte Krise und jedes marktbedingte Einkommens- und Nachfragedefzit lokalisiert werden; schließlich kann es sich doch immer nur um Stromungleichgewichte zwischen I und S oder Ex und Im handeln. Wir können den Abfall im Stromspiegel oder Wasserstand auch leicht korrigieren: Durch eine entsprechende Veränderung der öffentlichen Ströme in Richtung und Stärke können derartige Störungen leicht ausgeglichen werden. Was auch immer vorliegen mag, sei es ein internes oder externes Nachfragedefizit ($S>I$; $Im>Ex$) oder ein interner oder externer Nachfrageüberschuß ($I>S$; $Ex>Im$), in allen vier denkbaren Ungleichgewichtsfällen heilt eine rettende »antizyklische« Finanzpolitik wirklich alles: hausgemachte wie importierte Depression sowie hausgemachte oder importierte Inflation. In den ersten beiden Fällen geht es darum, mit einem defizitären Staatsbudget ($A_{St}>E_{St}$) das private Nachfragedefizit zu kompensieren. In den beiden Fällen eines Nachfrageüberschusses ist ein zweifellos unpopuläreres Verhalten des Staates angezeigt: Er muß Steuern erheben, ohne sie wieder verausgaben zu dürfen ($E_{St}>A_{St}$).

Obwohl Keynes seine geistige »Umwälzung« mit der *General Theory* bestritt, in deren Mittelpunkt Geldeigenschaften und Liquiditätspräferenz stehen (und nur ganz wenige Worte über das Staatsbudget), wurde das Thema von *How to Pay for the War*, nämlich Keynes' Vorschläge zur Ausweitung der Staatstätigkeit, zum Kern seiner wirtschaftspolitischen Revolution, und das just in einer Zeit, als die entscheidende Vorgabe oder Rahmenbedingung dieses Fiskalismus, der ressourcenvernichtende und -verknappende Krieg, bereits wieder entfallen war. Es ist schwer zu ergründen, was zum Sieg des Keynesschen Fiskalismus, der in seinem Gesamtwerk einen eher bescheidenen Platz einnimmt, über den von ihm geprägten und im Zentrum seines Schaffens stehenden Monetarismus geführt hat. Möglicherweise liegt es an der schwierigen und oft dunklen Sprache der *General Theory*, vielleicht aber auch an der selbst unter Ökonomen weit verbreiteten Unkenntnis über das »Unwesen« des Geldes im Wirtschaftskreislauf oder an politischen Präferenzen, wie denen der sich der Keynes-Botschaft bemächtigenden Sozialdemokraten, die stets für den Staat und gegen den Markt optierten.

Dennoch darf nicht der halbe Keynes für den ganzen genommen werden, der Autor der *How to Pay for the War*-Periode den der *General Theory* und der *Proposals for an International Clearing Union* zum Schweigen verurteilen. Keynes' Vorliebe für Geldanalyse und -politik läßt sich textexegetisch, aber vor allem aus der den anderen Werken zugrundeliegenden Ableitungslogik belegen. Das Staatsbudget kann ja nur dann als zentrale Pumpstation die volkswirtschaftlichen Nachfrageströme mittels Schub und Hub richtig regulieren und dosieren, wenn die auszugleichenden Hoch- oder Niedrigwasser ihre Ursache innerhalb ihres Bettes und nicht jenseits dessen haben. So ließ sich weder Englands Problem der zwanziger Jahre, die Koinzidenz einer inneren mit einer äußeren Krise, noch das Nachkriegsproblem der Bundesrepublik ab Mitte der fünfziger Jahre, die Koinzidenz des inneren mit dem äußeren Boom, mit Deficit-spending oder Budgetüberschüssen lösen. Im Falle Englands (S>I bei Im>Ex) hätte man mit Deficit-spending das Zahlungsbilanzloch vergrößert, mit Budgetüberschüssen die Arbeitslosigkeit verschlimmert. Im Falle der Bundesrepublik (I>S bei Ex>Im) kann man mit Budgetüberschüssen oder bloßer Haushaltskonsolidierung nur die Arbeitslosigkeit vergrößern, mit Deficit-spending nur Inflation, die man nicht will, stimulieren. Keynes empfahl England in den zwanziger Jahren keine fiskalischen Heilmittel, sondern monetäre, nämlich wechselkurspolitische Differenzierung zwischen Kassa- und Terminkursen sowie eine Pfundabwertung statt einer Aufwertung. Ein deutscher Keynesianer wie Karl Schiller verordnete der Bundesrepublik nach Wiedergewinnung der Vollbeschäftigung (ab 1968/69) nicht Nachfragevernichtung in Form von Haushaltsüberschüssen und Wegsteuerung von privater, hart verdienter Kaufkraft, sondern Angebotsvermehrung durch eine mehrfache Aufwertung der DM[29].

Den ganzen Keynes begreift nur, wer sich seiner geldtheoretischen Position nicht verschließt. Geld mag mit Lenin »geprägte Freiheit« sein, für Keynes markiert es historisch und analytisch den Beginn der monetären Vorratswirtschaft. Der einzelne (Unternehmer oder Haushaltsvorstand), der über Rücklagen, Forderungsthesaurierung, Nachfrage- und Konsumverzicht seine Zukunft sichert, destabilisiert unbemerkt und ungewollt möglicherweise das System, in dem er lebt und von dem er lebt, die von seiner Nachfrage abhängige Angebotsökonomie. Das geschieht vor allem dann, wenn er seine Rücklagen im Sparstrumpf hortet, anstatt sie über die Banken und den Kapitalmarkt den Investoren zur Verfügung zu stellen. Der einzelne erkauft sich über sein individuelles Geldsparen Sicherheit. Seine Erwartungen und Ängste drücken sich in seinem Sparverhalten aus. Er wähnt im Geld einen Seismographen zu besitzen, der ihm die Schwankungen und Beben seiner Wirtschaftsgesellschaft auf einer Richterskala objektiv anzeige. Gerade dieser Seismograph jedoch bringt diese Schwankungen und Beben zwar nicht hervor, aber beeinflußt und verzerrt sie in unterschiedlichem Ausmaß. Geld gilt zwar als das monetäre Metermaß. Aber was die Ware, die es ausmißt, tatsächlich wert ist, entscheidet sich weitgehend auf dem unruhigsten, launenhaftesten, unberechenbarsten aller Märkte: dem Geldmarkt selbst.

Keynes macht in der *General Theory* in Kapitel 15 klar, daß der Teil der nachgefragten Geldmenge kalkulierbar sei, der zur Finanzierung der laufenden Umsätze sowie zur Überbrückung von unvorhergesehenen Zahlungsausfällen dienen soll. Er nennt diesen Bestandteil der Geldmenge M_1. Unbekannt hingegen sei M_2, das Geld, das in Erwartung steigender Zinsen und günstiger Wertpapierkurse zinslos in Kasse gehalten, also gehortet wird. »In Wahrheit«, schrieb Keynes schon 1932 an J. Robinson, »sind alle Wertpapierhalter potentielle Spekulanten.«[30] Er hätte hinzufügen können: Je größer der Anteil der Spekulationskasse an der gesamten Geldhaltung wird, desto spekulativer wird notgedrungen der gesamte Wirtschaftsprozeß.

Keynes bringt die in der *Treatise* historisch belegte Erkenntnis von der psychologisch motivierten und nicht durch Zinskalkül allein bestimmbaren Liquiditätspräferenz oder Geldnachfrage des Sparers ins Zentrum seiner Analyse aus der *General Theory* ein. Wenn nicht der eine güterwirtschaftlich gedachte Realzins das Kreditangebot der Sparer mit der Kreditnachfrage der Investoren ausgleicht, sondern wenn es offenbar mehrere, mindestens drei divergierende Zinssätze gibt, nämlich den, der die Sparer doch noch zur Preisgabe ihrer in Spekulationskasse gehaltenen Gelder veranlaßt, den, den die Banken an ihren organisierten Geld- und Kreditmärkten nehmen, und den, den die Investoren aufgrund ihrer Kapitalproduktivität und -rendite zahlen können, dann bestimmt wie immer das schwächste Glied in dieser Zinsenkette, wieviel Ersparnis letztlich investiert wird und werden kann. Angenommen, die spekulative Kassenhaltung der Sparer wäre nur mit einem Lockzins von zehn Prozent pro Jahr zu brechen (weil sie demnächst mit einem zehnprozentigen Verfall der Kapital-, Konsumgüter- und/oder Wertpapierpreise rechnen), und weiter angenommen, daß auch die Banken über keinen weiteren Liquiditätslieferanten verfügen als diese Sparer, so daß sie diesen Zins nicht unterbieten können, dann kommen eben auch nur noch die Investoren zum Zuge, die zehn Prozent und mehr verdienen oder, genauer gesagt, glauben verdienen zu können.

Da diese bei Finanzierungskosten zu zehn Prozent und mehr pro Jahr zustande kommende Investitionsneigung weder die gesamte Ersparnis absorbiert noch die verfügbaren Kapazitäts- und Arbeitskraftreserven auch nur annähernd voll beschäftigt, kommt es zur Krise. Der eigentliche Grund für diese Krise liegt jedoch weder darin, daß die Investitionsausgaben zu niedrig sind oder ihr Multiplikator nicht ausreicht, noch darin, daß die Kreditzinsen die realen Investitionsrenditen übersteigen und viele Möchtegerninvestoren gar nicht erst zum Zuge kommen lassen. Die Schuld liegt auch nicht beim Staat, der es so weit hat kommen lassen. Keynes führt die kapitalistische Krise letztlich auf die noch nicht einmal zyklisch verlaufenden, sondern psychologisch bedingten unregelmäßigen Schwankungen der Liquiditätspräferenz der Nichtunternehmer im weitesten Sinne zurück, der Sparer, die zwar sparen, aber nicht anlegen wollen, und der Investoren, die zeitweise nichts unternehmen und weniger riskieren wollen und lieber Wertpapiere kaufen als Maschinen, kurz auf die der Geldwirtschaft inhärente Wahlfreiheit. Lenins geprägte Geldfreiheit führt somit immer dann in die soziale Instabilität, wenn die in Zinsen ausgedrückten Erwartungen der verschiedenen Geldbenutzer (Sparer, Investoren, Gläubiger, Schuldner) nicht auf einen gemeinsamen Nenner zu bringen sind, so daß sie zwar unerwünschte, aber unvermeidliche Anpassungsprozesse auslösen – innere, wenn $S>I$, äußere, wenn $Im>Ex$ und keine Überbrückungs- oder Zwischenfinanzierung möglich ist. Keynes' Krise wird also immer gleichzeitig im monetären Sektor der Volkswirtschaft und durch die Psyche der Wirtschaftssubjekte verursacht; sie ist eine Krise der in das Geld projizierten und über das Geld transportierten Erwartungen, weil Menschen Menschen und insoweit immer zumindest potentielle Geldneurotiker sind, selbst dann, wenn sie sich als hartgesottene Spekulanten präsentieren. Die Wirtschaftskrise der dreißiger Jahre, die den historischen Hintergrund seiner Analyse der *General Theory* bildete, war, wie Keynes sie sah, demgemäß eine seiner aufklaffenden »Liquiditätsfallen«: Weder die Sparer noch die Investoren ließen sich über die an den organisierten Geld- und Kreditmärkten notierten Zinssätze aus ihrer Reserve locken, die Sparer nicht aus ihrer Liquiditätsreserve, die Investoren nicht aus ihrer Risikoreserve. Die Geldnachfrage der Sparer war zinselastisch, die Kreditnachfrage der Investoren zinsinelastisch geworden: Die einen hofften auf weiter fallende Preise, die anderen hatten die Hoffnung auf endlich wieder steigende Gewinne begraben. Keynes konstatierte, daß nicht der Rentner sanft entschliefe, sondern der Investor böse erwache.

Wie würde Keynes die weltweite Finanz-, Schulden- und Beschäftigungskrise der Gegenwart deuten, in der zwar die Geld- und Kreditzinsen wieder sinken (allerdings wegen gleichzeitig fallender Preise nur nominal, nicht real) und in der sich die Investitionsneigung zwar deutlich, aber offenbar nicht genügend belebt, um die Sparneigung zu überflügeln, denn sonst hätten wir ja Vollbeschäftigung. Klaffen wieder »Liquiditätsfallen« auf, nur diesmal inter-, trans- und multinationale statt der nationalen der dreißiger Jahre? Keynes wird uns seine fiktive Antwort in dem Gespräch geben, das er zu dieser Frage mit dem Autor geführt hat (siehe S. 120–154).

Zerlegen wir das abenteuerliche, nur noch in der Maßeinheit Billionen (= 1000 Milliarden) US-Dollar oder DM auszudrükkende exterritoriale Geld- und Kreditangebot der sogenannten

Xeno-Finanzmärkte an die Schuldner in Dritter, Zweiter und Erster Welt in die Keynes-Kategorien M_1 und M_2, dann überwiegt mit dem Überhang einiger hundert Milliarden US-Dollar M_2, ein Geldpool, der weder zur Abwicklung des laufenden Welthandels noch der erkennbaren Zahlungsbilanzdefizite gebraucht wird. Dieser exterritoriale Geldüberhang finanziert eine Unsumme von Kapitalfluchttendenzen aus schwachen in starke Währungen (US-Dollar, Schweizer Franken, DM, Yen), eine mal stärkere, mal schwächere Liquiditätspräferenz von nicht US-amerikanischen Anlegern für US-Dollar-Wertpapier- und andere Titel, die es den Vereinigten Staaten erlaubt, ihr bislang größtes Doppeldefizit in Staatsbudget und Leistungsbilanz zu finanzieren ($A_{st} > E_{st}$ und Im>Ex). Hier liegt ein superkeynesianisches Deficit-spending vor, das sich gleichwohl Angebots- statt Nachfragestützung nennt, ein permanentes Roll-over alter und auslaufender Entwicklungsländerschulden in neue, teils längerfristige, teils (noch) höher verzinste, eine Technik des Reitens auf ungedeckten bis undeckbaren Finanzwechseln, die gleichwohl von jeder neuen Bankergeneration als große banktechnische Innovation gefeiert und herausgestrichen wird. Der Preis dieser Unordnung der privaten, kommerziellen Weltgeldwirtschaft wird uns sofort deutlich, wenn wir mit Keynes nach der Wirkung dieser Explosion in der spekulativen Weltkassenhaltung und Geldverwendung fragen. Auf den Geld- und Kreditmärkten dieser Weltwirtschaft treffen und kumulieren sich die das Liquiditätsrisiko der Kredite, das Tausch- oder Transferrisiko der Schuldnerwährungen reflektierenden und das Gesamtrisiko auf den Schuldner abwälzenden Erwartungszinsen der Gläubiger oder Sparer. Auf den Güter-, Kapital- und Investitionsmärkten legen diese exterritorialen Geld- und Kreditzinsen die Meßlatte dafür fest, welche realen Investitionsrenditen hier als verdienbarer Realzins erwartet werden, wobei der einzig variable Faktor das kumulierte Liquiditäts- plus Transferrisiko darstellt; innerhalb der leidlich sicheren Währungsräume führender Industrieländer wie der Vereinigten Staaten, Japans und der Bundesrepublik oder einer Kapitalanlageoase wie der Schweiz ist es gering(er). Ergo können auch hier die Zinserwartungen etwas niedriger ausfallen oder gesenkt werden.

Der Rest der vor allem überschuldeten und unterentwickelten Dritten Welt freilich sitzt auf den zu hohen Risikozinsen oder »Zitterprämien« potentieller Kreditgeber fest: einem Niveau der Finanzierungskosten ihrer Investitionen, das weder Vollbeschäftigung noch Entwicklungsfortschritt, ja noch nicht einmal die Sicherung ihres dürftigen Status quo, ihres »Armutsgleichgewichts« der an die zu niedrigen Investitionen angepaßten Inlandseinkommen und Inlandsersparnisse erhoffen läßt.

Ist Keynes tatsächlich ein von Zeit und theoretischem Fortschritt überholter Weltökonom[31]?

In der *General Theory* entwickelte Keynes das geldpolitische Gerüst seiner monetären, auf Vollbeschäftigung wie Preisniveaustabilität gerichteten Wirtschaftspolitik, indem er die Rolle des »exogenen«, von einer im Staatsauftrag handelnden Zentralbank angebotenen Geldes präzisierte. Das staatliche Geldangebot der Zentralbank wird sowohl als Gegenposten wie als Gegenmacht zu dem »neurotisch« bestimmten und motivierten, »endogenen« Geldangebot der Sparer dargestellt. Obwohl dieser Punkt klarer nicht sein könnte, scheint er noch immer professionellen Geldtheoretikern Schwierigkeiten zu bereiten[32]. Nur ein exogenes Geldangebot macht es bei gegebener Liquiditätspräferenz oder Geldnachfrage der Sparer möglich, den auf den organisierten Geld- und Kreditmärkten der Banken gehandelten Kreditzins der Investoren so zu beeinflussen, das heißt so zu senken, daß alle real existierende Ersparnis von den Investoren absorbiert, die Vollbeschäftigung dank ausreichender Einkommensbildung und Güternachfrage marktwirtschaftlich erreicht werden kann. Die von der staatlichen Zentralbank vorgegebene Geldmenge bestimmt den marktwirtschaftlichen Geld- und Kreditzins, dieser die Investitionsneigung, diese wiederum über ihren Multiplikator das Volkseinkommen, dieses die effektive Nachfrage und die effektive Sparrate. Der Keynessche makroökonomische Kreislauf ist damit geschlossen.

Wie aber verträgt sich dieses exogen vorgegebene, die Launen der endogenen Liquiditätspräferenzen glättende öffentliche Geldangebot mit der Keynesschen »Qualitätstheorie des Geldes«, der zufolge nicht die Geldmenge (G) ihr Preisniveau (P) bestimmt, sondern das reale Volkseinkommen (H respektive E) die seine Vollbeschäftigung garantierende und finanzierende Geldausstattung sucht und findet? Sehr einfach: Die Keynessche Zentralbank hat die Wahl, ihre Geldmengenpolitik entweder an Zins und Multiplikator oder direkt an der gewünschten Steigerungsrate des realen Volkseinkommens auszurichten; der erste im Keynesschen Sinne monetaristische Weg schließt den zweiten, im Friedmanschen Sinne monetaristischen Weg nicht aus, sondern ein. Die monetaristische Gegenrevolution à la Friedman ist somit in ihrem theoretischen Kern keynesianisch, zumindest was die Situation bis zum Erreichen des Vollbeschäftigungseinkommens betrifft. Keynes hat seine Hauptthese, nämlich daß nur ein exogenes, öffentlich und »ordentlich« verfaßtes Geldwesen die persönliche Wahl- und Entscheidungsfreiheit, die er für unverzichtbar hielt, einen auf sowohl humane wie soziale Ziele gerichteten Kapitalismus zuwege bringen könne, nicht nur am Modell seines nationalen Wohlfahrtsstaates belegt. Was sein Forscherleben wie seine analytische Arbeit krönt, ist der Nachweis, daß das Zusammenleben aller nationalen Wohlfahrtsstaaten, wenn überhaupt, dann nur in einer weltstaatlich geregelten Geldverfassung gelingen könne. Der Weg der Volkswirtschaften in die gemeinsame Weltwirtschaft weist für jede von ihnen zwei gefährliche Schlaglöcher auf: Junge, dynamische Nachholökonomien geraten leicht über extern aufreißende Einkommenslücken in eine Schuldenanpassungsfalle, reife, saturierte Gläubigerökonomien ohne jede Einkommenslücke in eine externe Liquiditätsfalle.

Im ersten Fall verursacht der Überhang der Importe über die Exporte (Im>Ex) zwar eine Angebotsanreicherung der im Inland verfügbaren Güter und Dienste; das reale Volkseinkommen oder Sozialprodukt (E_r) wird um die Importe (Im) aufgestockt:

$$E_r + Im = C + I + Ex$$

Um jedoch den Inlandsverbrauch von Konsum- und Investitionsgütern, die Inlandsabsorptionsquote, zu steigern, müßte der Außenbeitrag (Ex ± Im) positiv sein, nicht negativ. Bei Im > Ex fehlt es jedoch an Einkommen und damit Nachfrage, um den Gesamtbetrag der im Inland verfügbaren Güter und Dienste (Ex

+ Im) voll und entwicklungsgerecht zu nutzen. Zwar kann oder könnte das Fehlen innerer Nachfrage eine Zeitlang durch Entsparen oder den Import ausländischer Ersparnis (externe Verschuldung) überbrückt und finanziert werden, aber spätestens bei Erschöpfung des internen Entsparungspotentials und der externen Kreditwürdigkeit öffnet sich die Anpassungsfalle. Die Volkswirtschaft muß ihr Ungleichgewicht Im > Ex abbauen, indem sie C + I reduziert und/oder Ex steigert, also monetär oder fiskalisch erzwungene Zwangssparprozesse einleitet, das heißt internes Wachstum und interne Beschäftigung auf dem Altar einer auszugleichenden Leistungs- und Zahlungsbilanz opfert.

Im anderen Fall verursacht der Überhang der Exporte über die Importe (Ex > Im) zwar eine (nachfrageökonomische) Anreicherung der im Inland verfügbaren und ausgebbaren Einkommen:

$$E_r = C + I + (Ex - Im),$$

wobei der Außenbeitrag (Ex − Im) einen positiven Wert aufweist; das bedeutet einen Einkommensüberschuß, der dem Investitionsmultiplikator entsprechende Export(überschuß)-Multiplikatoren in Gang setzt und so die Beschäftigung im Inland steigert (exportgeführtes Wirtschaftswachstum). Doch die durch den Leistungs- und Zahlungsbilanzüberschuß verknappte Gläubigerwährung steigt, weil sie »stark« und daher als internationale Liquidität präferiert wird, zu *der* Weltreserve-, -anlage- und -speicherwährung auf, dem »Geld der Vermögensbesitzer« (H. J. Stadermann). Zwar erhalten die privaten Exporteure für ihre Lieferungen und Leistungen Ansprüche in (eigener) Währung, aber wie liquide diese sind, hängt ganz davon ab, ob die Schuldner für ihre Währung einen Geld- oder Kreditgeber in der von ihnen geschuldeten Fremdwährung finden: eine Bank oder einen Vermögensbesitzer, der sich seine Liquiditätspräferenz abkaufen läßt. Nimmt aufgrund anhaltender, chronisch-struktureller Leistungs- und Zahlungsbilanzüberschüsse einer Volkswirtschaft (Ex > Im) der externe Knappheitsgrad seiner Währung und demzufolge auch die externe Liquiditätspräferenz für diese Währung zu, so verteuern sich automatisch und marktgesetzlich auch die Finanzierungskosten für die Abrechnung seiner Exporte; der

Preis oder Wechselkurs der knappen Währung steigt im Verhältnis zu dem der Schuldnerwährung (sei es, weil erstere auf- oder letztere abwertet), der Kreditzins des Schuldners für die zeitliche Inanspruchnahme der Gläubigerwährung ebenfalls. Der Einkommens-, Nachfrage- und Beschäftigungsvorteil einer Gläubigernation und -währung wird früher oder später durch steigende Währungstausch- und Fremdfinanzierungskosten für die Bezahlung ihrer Exporte aufgezehrt. Das Exportvolumen fällt – monetär bedingt – auf das Importvolumen zurück, wenn nicht gar darunter, weil sich Abnehmer und Schuldner der Gläubigernation den Luxus ihrer teuren Importe nicht mehr leisten können.

Mit anderen Worten: Keynes führt in den *Proposals for an International Clearing Union*, deren Urfassung bereits im August 1941 vorlag, nicht nur ein altes Kapitel aus der *General Theory* weiter; Gegenstand dieses Kapitels ist die Zahlungsbilanz in ihrer Funktion als monetäre Bremse an der Vollbeschäftigungsmaschine und -politik der nationalen Wohlfahrtsstaaten, die darin besteht, daß sie nachfragewirksames M_1 an ausländische Importgüterlieferanten verlieren. Er schlägt ein neues Kapitel auf, indem er zeigt, daß keine aus einer Vielzahl von Nationen und Währungen zusammengesetzte Weltwirtschaft aus sich heraus so etwas wie ein »monetäres Gleichgewicht« bildet. Es gibt weder einen Mechanismus, der unerwünschte Anpassungsprozesse der aus dem Gleichgewichtslot gerissenen Leistungs- und Zahlungsbilanzen ausschließt – was für Schuldner und Gläubiger gilt –, noch gibt es einen weltwirtschaftlichen Zahlungsbilanzausgleich ohne reale, nachfrage-, einkommens- und beschäftigungspolitische Rückwirkungen. Das ungeordnete internationale Geldwesen ist ein die Weltwirtschaft, ihr Wachstum und ihren Integrationsgrad *limitierender* Faktor.

Weil der weltwirtschaftliche Zahlungsbilanzausgleich nur unter schwerwiegenden Friktionen abläuft und funktioniert, wird gerade er zur Bremse an der möglichen Weltprosperität, einschließlich der Vollbeschäftigung.

»Das Problem des Zahlungsbilanzgleichgewichts zwischen den Nationen ist seit dem Übergang von der Güter- zur Geldwirtschaft noch niemals richtig gelöst worden. Seit Entschwinden der Autarkiewirtschaft des Mittelalters und der Herausbildung einer arbeitsteiligen Weltwirtschaft unter Erschließung überseeischer Ressourcen ist das Unvermögen, dieses Problem zu lösen, der Hauptgrund für immer wieder ausbrechende Verarmung, für soziale Unruhe, Krieg und Revolution.

In den letzten 500 Jahren gab es nur zwei glückliche Ausnahmeperioden von jeweils etwa 50 Jahren, in denen der Geldgebrauch bei der Außenhandelsfinanzierung kein Störfaktor war – die Zeitalter Königin Elisabeths und Königin Viktorias. Im ersten Fall verwandelte die unerhörte Vermehrung des Edelmetallangebots aus der Neuen Welt Deflation in Inflation – was freilich andere Übel mit sich brachte. Im zweiten Fall verlagerte das im 19. Jahrhundert von London aus gesteuerte System des internationalen Kapitalverkehrs die Anpassungslasten von den Schuldner- auf die Gläubigernationen.«

Mit diesen Sätzen leitet Keynes die Urfassung seiner *Proposals* ein[33]. Wann wurde je ein Weltproblem knapper, sachkundiger und präziser formuliert? Nur wenige Seiten weiter faßt er die sechs größten und zählebigsten Irrtümer vorzugsweise liberaler Währungsanalyse und -politik wie folgt zusammen:

»[...] die Vorstellung nämlich

erstens, daß frei fluktuierende Wechselkurse aus sich heraus eine Gleichgewichtsposition erreichen,

zweitens, daß liberale Kredit- und Anleihearrangements zwischen Gläubiger- und Schuldnernationen [auf der falschen Annahme basierend, als ob dergleichen im 19. Jahrhundert je geklappt hätte] Quellen neuer Zahlungen erschlössen und somit gleichsam ›self-liquidating‹ seien,

drittens, daß unbegrenzte Reservezuflüsse [...] Gläubigerländer je veranlaßt hätten, ihre Preisniveaus und Nachfrageaktivitäten dem anzupassen und ihren Druck auf Schuldnerländer zurückzunehmen,

viertens, daß sich aus deflatorischer oder, noch gefährlicher: wechselseitig verschärftem deflatorischem Anpassungsdruck auf Preise und Löhne Außenhandelsvorteile gewinnen ließen,

fünftens, daß sich dasselbe ersatzweise über Währungsabwertung oder, noch gefährlicher: wechselseitig verschärfte Abwertungswettläufe erreichen ließe,

sechstens, daß man durch das Errichten von Zollschranken, das Gewähren von Handelspräferenzen, das Zahlen von Subventionen mit Ad-hoc-Charakter verlorengegangene Zahlungsbilanzgleichgewichte zurückgewinnen könne: diskriminatorisch und restriktiv.«[34]

Wenn all das nicht zum Ziel einer gleichgewichtig expandierenden, von monetären Restriktionen freien Weltwirtschaft führen kann – was denn? Ein »exogenes« Weltgeld ist erforderlich, wie in den nationalen Systemen auch. Keynes hätte fragen können, warum denn die aus dem quantitätstheoretischen Denken der frühen Geldklassiker (J. Locke, D. Hume und später D. Ricardo) geborene nationale Zentralbank als Emittentin aller »letzten« Liquidität ihre Befugnisse und Kompetenzen an den Landes- und Währungsgrenzen abgeben muß, wenn der durch ihr Geld zu regelnde und abzurechnende Warenverkehr diese mit jeder Entwicklungsphase höher und weiträumiger überspringt? Keynes blieb seiner historisch-analytischen Methode treu. Alle bisherigen Weltwährungsarrangements und -regime waren zu kurze (und vor allem reversible) Sprünge in Richtung eines Weltzentralbanksystems. Weil der internationale Abrechnungsverkehr weder ohne Recheneinheit noch ohne ein Mittel »letzter« Liquidität auskommt, aber – anders als in den nationalen Systemen – keine von staatlicher Seite vorgegebene »Geldordnung« vorfindet, schafft er sich diese qua Konvention und Usance selbst. Dasselbe Gesetz, das in den nationalen Systemen die Vielzahl der *n* Güter durch Einführung des Geldes, eines als neutral gedachten Maßstabes, vergleichbar, austauschbar und berechenbar macht, gilt auch im Weltsystem der Vielzahl der *n* Nationen und ihrer *n* Währungen. Indem man einen Maßstab für alle *n* Währungen auswählt, hat oder hätte man sie alle vergleichbar, austauschbar und berechenbar gemacht. Der springende und von den meisten Geldtheoretikern noch immer übersehene Punkt ist jedoch, daß dieser Maßstab für alle *n* Währungen zumeist eine dieser *n* Währungen selbst ist, nämlich die jeweils knappste, stärkste und als Liquidität am stärksten präferierte

Gläubigerwährung. Hierzu jedenfalls neigen alle selbst und privat organisierten Weltwährungskonventionen und -usancen. Einen gläubigerneutralen Goldmaßstab oder -standard hat es, wie Keynes zeigte, nie gegeben. Stets übernahm die im Welthandel jeweils stärkste Währung dessen Funktion: mal der Hollandflorin im 17. Jahrhundert, mal das Pfund Sterling im 18./19. Jahrhundert, mal der US-Dollar seit der Weltwirtschaftskrise des 20. Jahrhunderts. Der Grund hierfür liegt darin, daß auch das Gold als monetärer Maßstab und »letztes« Mittel monetärer Liquidität eines Preises in Geld je Mengeneinheit bedarf. Genau diesen stellt die stärkste Währung, die damit automatisch zu Papier- oder Ersatzgold wird. Damit wird gleichzeitig aus dem Metall- ein Leitwährungsstandard, und jeder Leitwährungsstandard begründet ein jederzeit abrufbares Weltwährungsregime der inneren Widersprüche.

Erstens bedeutet die Auswahl einer *n*-ten Währung aus dem Kreis der übrigen *n* Währungen, daß diese unerhörte »Seigniorage«-Privilegien gewinnt. In Wahrheit entstehen ja nicht *n* Wechselkurse für *n* Währungen, ausgedrückt in der *n*-ten Währung, sondern nur $n-1$ Wechselkurse oder Währungsaustauschrelationen; denn der Kurs oder Tauschwert der *n*-ten Währung ist oder wird fremdbestimmt durch die Nachfrage der $n-1$ Währungen nach der *n*-ten. Der *n*-ten Währung widerfährt dadurch eine »Aufwertung«, die nichts mit ihrem inneren Wert oder Unwert zu tun hat; sie bezieht eine Liquiditätsprämie, die die Präferenz aller übrigen Währungsbenutzer widerspiegelt und die das Leitwährungsland in den Stand versetzt, seine Importe und externen Defizite aus den Kassen- und Reservehaltungs»krediten« seiner monetären Umwelt zu finanzieren, das heißt seine Zahlungsbilanz zu vernachlässigen. Genau das geschah und geschieht noch heute in den Vereinigten Staaten.

Zweitens verstrickt sich das so ausgezeichnete Leitwährungs- und Währungsreserveland in ein schwer lösliches Dilemma: Gibt es seine Landeswährung als weltweite Vermögensanlegerwährung frei, dann riskiert es seine Deckung und seinen Ruf als Goldersatz; denn sein Geldumlauf steigt, und seine Geldbasis bleibt konstant. Hält es dagegen seine Deckungsrelation konstant, indem es seine Leistungs-, Kapital- und Zahlungsbilanz mit dem Ausland aktiviert, dann trocknet es die Weltwirtschaft aus und setzt alle übrigen $n-1$ Systeme und Währungen unter unerträglichen deflatorischen Anpassungsdruck und -zwang. Der Leitwährungsstandard, gleichviel ob spanisch, holländisch, britisch oder US-amerikanisch, leidet somit immer unter demselben Leitwährungsparadoxon, daß die Währung, die weltweit als die »stärkste« angesehen wird, nur dadurch in den weltweiten Umlauf und in die weltweiten Horte gelangt, daß sie sich »schwächt«, das heißt ins Defizit geht und damit à la longue erst eine Vertrauens-, dann eine Wechselkurs- und zu guter Letzt eine Zahlungskrise riskiert. Ferner muß sie, wenn sie wirklich »stark« bleiben will, à la longue die ihr anvertraute Weltwirtschaft in unnötige Wachstums- und Beschäftigungsverluste hereintreiben; Massenarbeitslosigkeit wird als weltweites Stabilitätsopfer auf dem Altar einer falsch konzipierten Weltwährungsordnung erzwungen.

Keynes' *Proposals* sind nicht nur eine einzige Abrechnung mit dem bisherigen Stand von Währungstheorie und -politik. Sie sind auch seine Abrechnung mit sich selbst, warum er nicht nachdrücklicher vor dem Zusammenbruch des Gold-Sterling-Standards zwischen 1929 und 1931 gewarnt hatte. Aber obwohl die *Treatise* von 1930 bereits mit dem kühnen Ausblick auf ein künftiges Weltzentralbanksystem endet, in dem weder Währungen noch Arbeitsmärkte zusammenbrechen, war er damals noch weit entfernt davon, die analytischen Kernpunkte und institutionellen Pfeiler einer solchen Weltwährungsgemeinschaft zu skizzieren. In den *Proposals* wird für die Weltfriedensordnung der Zeit nach dem zweiten Weltkrieg allen Plänen einer supermachtgesteuerten Weltwährungsordnung abgeschworen. Das Menetekel vom 21. September 1931 (Pfund-Sterling-Abwertung mit anschließendem Wechselkursfloating aller wichtigen Weltwährungen) sollte sich nicht wiederholen, schon gar nicht unter der Ägide des US-Dollars, der sich anschickte, Englands Erbe als dominierendes Währungsland und Weltzentralbankier zu übernehmen. Deswegen empfahl Keynes:

erstens ein exogenes Weltgeld für alle Staaten und deren Zentralbanken, aber nicht in Form von Bargeld, sondern als abrechnungssicheres Giralgeld der Zentralbanken, das nur in ihren Büchern und auf ihren Konten bei der Weltzentralbank erscheinen sollte, seinen Bancor (den er sprachlich aus dem englischen Wort für Bank und dem französischen für Gold zusammenmischte),

zweitens ein dem alten Goldstandard abgeschautes Abrechnungsverfahren der Zentralbanken untereinander; Zahlungen sollten direkt über ihre Konten bei der Clearingstelle seiner Weltzentralbank abgewickelt werden, wodurch ausgeschlossen wurde, daß sich die unbeaufsichtigten Geld- und Kreditmärkte der Geschäfte mit den Zahlungsbilanzdefiziten annahmen; eine Weltschuldenkrise wie die im Wechselkursfloating seit 1973 aufgelaufene wäre im Keynes-System ganz und gar ausgeschlossen, ja undenkbar gewesen,

drittens einen symmetrischen, Schuldner- wie Gläubigerländer zur Zahlungsbilanzdisziplin motivierenden Anpassungsprozeß.

Wir sahen schon, daß bei Bancor-Defiziten wie -überschüssen gleichermaßen Strafzinsen wegen der Änderung der inneren, die Zahlungsbilanz vernachlässigenden Währungs- und Finanzpolitik fällig wurden. Keynes' Weltzentralbank und nicht die Zentralbank eines Landes, das sich an der Rolle des Weltzentralbankiers übernimmt, auch nicht eine »international banking community«, die ihr Geschäftswohl mit dem Weltwohl verwechselt, hätte ein neues Zeitalter einleiten sollen, jene Keynes-Ära, die nie ausgebrochen ist. Dennoch ist es »seine« Ära geworden, für deren Fehlleistungen und Unterlassungen ihn viele anklagen, obwohl es doch weitgehend die Abkehr oder nur halbherzige Verwirklichung seiner Ideen war, der wir diese Übel verdanken: die Weltschuldenkrise, die Verelendung der Dritten Welt, die Unfähigkeit zur Wiederherstellung der Vollbeschäftigung in den Ländern der Ersten Welt.

Aber Keynes' Ära kann noch immer anbrechen; denn der heutige IWF (dieser schwache Aufguß keynesianischen Tees) könnte noch immer über die Freigabe seiner Sonderziehungsrechte (SZR) zu einer Weltzentralbank avancieren. Das hätte folgende Vorteile:

Erstens würden wir unsere *n* Währungen und Wechselkurse

über ein wirklich neutrales, entstaatlichtes und deprivatisiertes $n+1$-tes Weltgeld abrechnen und entstören, denn weder mit noch gegen die SZR könnten Spekulationsattacken geritten werden. Der Seismograph hörte auf, die Währungskrisen, die er anzeigt, selbst zu übertragen.

Zweitens würde der US-Dollar aufhören, vornehmer als alle anderen $n-1$ Währungen zu sein; er würde ins Glied der übrigen n Währungen zurückkehren, verlöre seine Seigniorage- und Zahlungsbilanzvernachlässigungsprivilegien, aber er gewänne als rein nationales Geld der Vereinigten Staaten die Fähigkeit zurück, den Interessen des Landes, seiner Investoren und Sparer, mehr zu dienen als denen der internationalen Finanzwelt der Vermögensbesitzer.

Drittens wäre in allen Nationalstaaten dieser Welt wieder eine auf die keynesianischen Ziele Wirtschaftswachstum, Vollbeschäftigung und Preisniveaustabilität gerichtete Globalsteuerung der Volkswirtschaften möglich. Man könnte sich dank des SZR-Standards der im Prinzip festen, im Bedarfsfall aber variablen Wechselkurse wieder außenwirtschaftlich absichern; man könnte aufwerten, wenn es die Inflationsabwehr, abwerten, wenn es die Arbeitslosigkeitsabwehr verlangt, ohne daß andere Länder und unkontrollierte Fremdwährungsmärkte diese Politik durchkreuzten. Die – das postkeynesianische Zeitalter prägende – Dichotomie zwischen weltwirtschaftlicher Abhängigkeit und nationalstaatlicher Autonomie wäre überwunden. »Wir brauchen einen neuen Keynes«, soll kürzlich Exbundeskanzler und Weltökonom Helmut Schmidt geseufzt haben. Falsch! Der alte Keynes, zu Ende gelesen und in die praktische Politik umgesetzt, tut es noch immer.

Der Spiegel: Zeit und Mann
Bio- und Bibliographisches

»Keynes war auf der Höhe seiner Verstandeskraft, seine Beredsamkeit und Wirkung waren überwältigend. In solchen Augenblicken denke ich oft, daß Keynes einer der bemerkenswertesten Menschen sein muß, die es je gegeben hat [...]

Die Amerikaner saßen wie verzaubert da, während der göttergleiche Gast sang und alles mit goldenem Licht überstrahlt war. Als er fertig war, gab es kaum noch Diskussion.«

Lord Lionel Robbins über Keynes während der Bretton-Woods-Konferenz

»Ich bin dabei, mich zu Ihrem Standpunkt zu bekehren.«

Churchill an Keynes während der Bretton-Woods-Konferenz

»Tut mir leid, Sir, das zur Kenntnis nehmen zu müssen. Ich werde gerade anderen Sinnes.«

Keynes Antwort an Churchill während der Bretton-Woods-Konferenz

War John Maynard Keynes ein Kind seiner Zeit, oder wurde diese Zeit mit der Zeit sein Kind?

Jeder politische Ökonom muß sich irgendwann einmal entscheiden, ob er lieber Ökonom oder lieber Politiker sein will, wie er arbeiten möchte und für wen, als Höfling für eine Partei oder Regierung mit dem Ziel, es zum Finanzminister oder Zentralbankgouverneur zu bringen, den einzigen Ämtern, die für einen Makroökonomen zählen, oder als Wissenschaftler mit der keineswegs berückenden Option, zwar unabhängig zu sein, aber auch einflußlos zu bleiben.

Für Keynes hat sich diese Entscheidung nie gestellt. Er war als

Wissenschaftler von höchstem politischen Einfluß und als Staatsbeamter von nicht zu überbietender Unabhängigkeit. Dafür mußte er jedoch eine andere Entscheidung treffen, die – so wie er sie traf – nur wenige Nachahmer findet. In der Mitte seines Lebens, noch nicht einmal 40 Jahre alt, verließ er seinen Hof und verzichtete auf seine Karriere als erfolgreicher und respektierter Spitzenbeamter der britischen Treasury, um sich dem Wagnis und ungewissen Schicksal eines Verfechters seiner eigenen Gedanken und Ideen auszusetzen.

Es folgten fast 20 Jahre einer höchst umstrittenen, kontroversen Einzelgängerei, eines permanenten Kampfes gegen festgefügte und etablierte Lehrmeinungen, um vom krassen Außenseiter der ökonomischen Disziplin zu ihrem führenden Kopf aufzusteigen. Hätte es Ende des zweiten Weltkrieges bereits den Nobelpreis für Ökonomie gegeben, Keynes wäre ohne Frage sein erster Preisträger geworden; denn zwischen 1919 und 1945 waren politische Ökonomie und Keynesianismus identische Begriffe geworden. Noch die Stiftung dieses Preises durch die Schwedische Reichsbank Ende der sechziger Jahre verstand sich als Nachhall und postume Würdigung des Lebenswerkes von Keynes, des Ökonomen, der wie kein anderer den Zeitgeist des 20. Jahrhunderts beeinflußt und geprägt hatte.

Keynes hatte das Glück, das nur wenigen Sterblichen zuteil wird: Er erlebte den Ruhm und die Anerkennung, die die Welt ihm zollte. Sein Weg als Forscher war jedoch voller Risiko; kein anderer Hof und keine Fakultät boten ihm irgendeine Sicherheit, nicht einmal seine eigene in King's College, Cambridge; er blieb dort zeitlebens deren unbezahlter Fellow (Honorarprofessor würden wir in Deutschland sagen).

Seinen Lebensunterhalt verdiente er als hart arbeitender Manager, als Buchautor, polemischer Pamphletist und kompromißloser Zeitkritiker. Große Gewinne erzielte er an der Börse, denn er war ein Währungsexperte, der nicht nur in Theorien schwelgte, sondern Geld aus ihnen machte, und zwar für sich, seine Universität, deren Stiftungsfonds er verwaltete, und die Unternehmen (eine Versicherungsgesellschaft, einen Investmentfonds), die er zwischen 1920 und 1938, also mitten in der großen Krise, leitete. Als er 1938 die Geschäfte an den Nagel hängte – der Ruhm der *General Theory* begann ihn einzuholen –, wurde sein Privatvermögen auf über eine halbe Million Pfund Sterling geschätzt (sechs Millionen damaliger Reichsmark), genug, um sich ein Landgut (in Tilton, Essex) zu kaufen, seiner heißgeliebten Frau Lydia Lopokova, einer emigrierten Russin und führenden Primaballerina aus Diaghilews berühmter Truppe, den Auftritt im eigenen Theater in Cambridge zu finanzieren – es wurde der Nukleus des britischen Arts Council, in dem Lord und Lady Keynes nach Kriegsende die Aktivitäten von Sadler's Wells, Old Vic und Covent Garden zusammenfaßten – sowie alte Bücher und moderne, vorwiegend französische Bilder zu sammeln. Die Keynessche Gemäldesammlung, die er zeitlebens mehr auf Tourneen in öffentliche Museen und Ausstellungen schickte als zu Hause bei sich aufhängte, enthielt, als er 1946 starb, unter anderem zwei Braque, vier Cézanne, drei Delacroix, zwei Derain, einen Matisse, zwei Picasso, einen Renoir, zwei Seurat und zwei Sickert, von den weniger bekannten seiner englischen Malerfreunde wie D. Garnett und anderen nicht erst zu reden[35].

Machte Keynes der intellektuelle, politische und finanzielle Erfolg glücklich? Stieg er ihm womöglich gar zu Kopfe? Nichts deutet daraufhin. Er blieb äußerlich der alte und arbeitete wie ein Pferd – zwei Herzinfarkte bezeugen es: Der erste (1937) ereilte ihn nach Fertigstellung der *General Theory*, der zweite (1946) beendete sein Leben. Seine Frau Lydia hat ihn in seinen Rekonvaleszenzperioden ebenso rührend wie energisch gepflegt, ihn von Arbeit und lästigen Besuchern abgeschirmt. Weder Geld noch Unabhängigkeit, noch Krankheit veränderten sein Verhalten. Die Mächtigen zitterten, wenn sie hörten, daß wieder eine seiner Veröffentlichungen bevorstand, die Kollegen atmeten auf, wenn sie sicher sein konnten, daß nicht er, sondern jemand anders ihre Werke im *Economic Journal* besprach; seine zahlreichen Freunde und die wenigen Studenten, denen er erlaubte, an seinen raren Vorlesungen, Seminaren und Kolloquien teilzunehmen, hörten nie auf, ihn zu lieben und zu bewundern. Der Zweifel, die Kritik an seiner Lebensarbeit und -leistung kam später, als er schon tot war.

Aber was schmälert seinen Nachruhm? Daß keine Zeit auf

Dauer ihre großen Männer erträgt? Daß jede noch so große Fähigkeit den Zenit ihrer Aktualität irgendwann einmal überschreitet, weil sich die Zeiten ändern, und zwar rascher, als man glaubt?

Der Triumph des Keynesianismus hat sein Zeitalter von Grund auf verändert. Man muß lange in der Menschheitsgeschichte zurückblättern, vielleicht bis in das nachcäsarische Zeitalter des Augustus, als Geld und Welt zum ersten und zum letzten Male eine räumliche Einheit bildeten[36], um ein drittel Jahrhundert zu finden, das ähnlich prosperierend, um nicht zu sagen golden war wie die Jahre zwischen 1945 und 1973.

Keynes hatte in der Zeit, die ihm folgte und die ihn befolgte, die alten Drohgespenster des Kapitalismus – die Krise, die Arbeitslosigkeit, den Konjunkturzyklus, den Würgegriff der die Binnenwirtschaftsaktivitäten strangulierenden negativen Zahlungsbilanz – wenn nicht gebannt, so doch für abwendbar erklärt. Selbst dort, wo sie noch immer hausten, wo Armut, Flüchtlingselend und Mangel an Arbeitsplätzen erst noch aufzuarbeiten waren, nämlich in den unterentwickelten Ländern der Dritten und den kriegszerstörten Ländern der Ersten Welt, regierte das Prinzip der Hoffnung, daß sich die Dinge zum Besseren und nicht zum Schlechteren wenden würden, und es verbreitete sich Ruhe statt Unruhe und Unsicherheit. Die Raten des wirtschaftlichen Wachstums stiegen, die Zahlen der Arbeitslosen fielen; die ersteren strebten unaufhaltsam einem Höchst-, die letzteren ebenso unaufhaltsam einem Tiefstniveau zu. Die Zeiten waren golden, obwohl oder weil man das Gold innerhalb der Nationalstaaten und im internationalen Zahlungsverkehr als monetären Weltherrscher von seinem jahrtausendealten Thron gestoßen hatte – ganz wie es die Keynessche Vision und Lehre befahl.

Gewiß, nirgendwo wuchsen die Bäume in den Himmel. Aber insgeheim zweifelten nicht einmal seriöse, im Keynesschen Katechismus erzogene Ökonomen daran, daß man sie durch richtige Düngung und die rechtzeitige Verabreichung dosierter Hormonspritzen dazu bringen könne, wenn ihr Wachstum ermüdete.

Diejenigen Ökonomen, die skeptisch mit Keynes umgingen, schrieben das neue »Wunder« nicht Keynes und seiner in (fast) allen Amtsstuben der westlichen Welt befolgten Wirtschaftspolitik zu, sondern ganz einfach den regenerierten Kräften der wiederentdeckten freien Marktwirtschaft; das gilt besonders für jene Länder, die so lange die Segnungen einer solchen Wirtschaftsordnung hatten entbehren müssen, wie das westliche Deutschland der Nachkriegszeit.

Aber selbst dort, wo man das »Wirtschaftswunder« der Marktwirtschaft und nicht dem Keynesianismus zuschrieb, ging niemand – weder Walter Eucken, der die theoretischen Grundlagen der Sozialen Marktwirtschaft im Nachkriegsdeutschland legte, noch Ludwig Erhard, der daraus ein politisches Konzept machte – so weit, das Keynessche Besteck der Wirtschaftspolitik für überflüssig oder gar für unbrauchbar zu erklären. Man hielt es im Gedächtnis für den nicht auszuschließenden Fall, daß die Dinge eines Tages doch nicht mehr ganz so von selbst laufen sollten wie bisher[37]. So ganz unkeynesianisch war Erhards »grand design« für das von seinen Kriegswunden genesende Nachkriegsdeutschland durchaus nicht: Investitionen wurden durch Steuerrabatte, die es für Sparer zunächst nicht gab, kräftig gefördert und regional, mit öffentlicher Nachhilfe dorthin transportiert, wo sie fehlten: in Zonengrenzgebiete und andere strukturschwache Räume; die Lohnsenkung als Mittel der Angebotsbelebung wurde verworfen, statt dessen die Konfliktregelung auf die höhere Ebene der Sozial- und Tarifpartner angehoben, deren gewerkschaftliche Ziele in Richtung Mitbestimmung und Wirtschaftsdemokratie man ernst nahm und nicht im Grundsatz verwarf. Vor allem aber wurde die junge DM – eine ganz und gar ungoldene Währung – durch strengste Rationierung zu einer alle übrigen Ressourcen rationierenden, betriebssicheren Währung aufgebaut; man zahlte dafür den Preis einer in die Hunderte von Milliarden gehenden Vernichtung von Geldersparnissen und Sparervermögen. Sie konnte sich auf Dekaden hinaus ohne die Gefahr ihrer allfälligen »Entropie« in und durch Keynessche »Liquiditätsfallen« zu einer der härtesten, europa- und weltweit begehrtesten Währungen des Globus empormausern. Wie keynesianisch die Verfechter eines reinen Marktwirtschaftskurses auch in der Bundesrepublik im Grunde eingestimmt waren, erwies sich, als die ersten Wetterwolken am Konjunkturhimmel aufzogen und Karl Schiller darangehen konnte, das keynesianische Steuerungsinstrumentarium einer freien, gleichwohl sozialen Marktwirtschaft neu zu ordnen und in seinem StWG von 1967 übersichtlich zu kodifizieren. Jeder Sachkundige empfand diese Auftakelung der Keynesschen Instrumente als einer »fleet in being« als sachlich geboten. Man war auch davon überzeugt, daß das Schiff der Sozialen Marktwirtschaft in schwerer werdender See ohne diesen Armierungsschutz und ohne diese Navigationshilfe schwerlich werde auskommen können. Warum sollte es ohne Kompaß und Karte segeln, wenn es doch beides gab? Dennoch haben weder Kompaß noch Karte die Havarien der Gegenwart verhindern können.

Keynes wurde am 5. Juni 1883, mitten im Viktorianischen Zeitalter, geboren – im selben Jahr übrigens, in dem sein Antipode J. A. Schumpeter zur Welt kam und Karl Marx starb. Sein Elternhaus war zutiefst bürgerlich: Keynes senior war ein respektierter Universitätslehrer für Philosophie, Mathematik und Ökonomie, Keynes' Mutter, Pfarrerstochter und im Nebenberuf höchst engagierte Kommunalpolitikerin und Sozialpädagogin, eine für ihre Zeit ungewöhnliche Frau. Keynes durchlief das für das älteste von drei Kindern in diesem Milieu vorgeschriebene Bilderbuchstudium an den Eliteschulen des Landes, Eton und King's College in Cambridge.

Ganz der Sohn des Vaters, mit dem er im übrigen nie einen Konflikt hatte, auch wenn Keynes senior erheblich gezuckt und geschluckt haben muß, als der Junior begann, über die »Klassiker« herzuziehen – denn der Senior war auch ein solcher –, studierte er zunächst Mathematik und Philosophie und machte, wie erwartet, ein glänzendes Examen (1905). Zur Ökonomie entschloß er sich erst, als ihm die britische Treasury mit einer Anstellung winkte. Das anschließende ökonomische Examen fiel allerdings weniger glänzend aus als das vorangegangene philosophisch-mathematische. »Vermutlich weil die Prüfer weniger Bescheid wußten als ich« – kommentierte er das Examensergebnis (er wurde nur Jahrgangszweiter, nicht -erster) gegenüber Eltern und Freunden. Es dürfte sogar gestimmt haben. Wegen dieser Schlappe nahm ihn nun nicht mehr die Treasury, sondern nur das weniger bedeutende Indian Office.

Das Mathematik- und Philosophiestudium hatte ihn auf seinen lebenslangen Wegweiser und dessen Offenbarungen gestoßen: Die *Principia ethica* von G. E. Moore, die alles in Frage stellten, was »nur« durch Tradition und Konvention zu begründen war. Moores Grundthese war, man müsse bei allem nach rationaler Einsicht und sozialer Verträglichkeit fragen, privat wie öffentlich.

Der Eintritt ins Indian Office (1906) machte ihn mit einem ökonomischen Phänomen vertraut, das in keinem Lehrbuch und in keiner Vorlesung eines seiner Lehrer je erwähnt worden war: Er lernte die monetäre Abhängigkeit, um nicht zu sagen Ausbeutung der Kolonien durch ihre Währungsmutter kennen. Indiens Währungssouveränität hing von den »Gesetzen« des Goldstandards ab, und diese bestimmten im trauten Verein die Bank of England und die City of London. Ein solcher Goldstandard entsprach so gar nicht den *Principia ethica* seines Lehrers G. E. Moore.

Keynes erwarb 1908 die venia legendi eines »lecturers« (vergleichbar einem deutschen Privatdozenten) an der ökonomischen Fakultät seines King's College in Cambridge; ein Jahr später (1909) wurde daraus jenes »fellowship«, das er bis zu seinem Tode (1946) gewissenhaft beibehielt und ausfüllte.

Er arbeitete als junger Universitätsdozent in Cambridge (»der härteste Job der Welt«, stöhnte er seinem Freund Grant vor), lebte auf in London, wo er seinen Bloomsbury-Kreis hatte, eine Vereinigung – wir würden heute sagen Wohngemeinschaft – gleichgesinnter junger Männer und Frauen, ausnahmslos aus gutem Hause und inspiriert von den Lehren ihres Meisters, E. G. Moore und dessen *Principia ethica.* Man lebte und schwärmte wie eine Bande Schillerscher Räuber, nur ohne deren Aggressivität und rohe, terroristische Gewalt. Man wollte das Jahrhundert – worunter man das Viktorianische verstand – in seine Schranken weisen, seine verlogene Moral und sinnentleerten Konventionen entlarven, aber nicht durch Kampf, sondern durch Beispiel, durch die von Moore geoffenbarte Synthese aus Verstand und

Der junge Keynes

Herz, wobei das Herz zunächst einmal die größere Rolle spielte. Man liebte: den Sozialismus, die Gleichberechtigung der Klassen, Rassen und Geschlechter und praktizierte freie Liebe, nicht nur von Mann zu Frau, sondern auch von Mann zu Mann und Frau zu Frau.

Schlüssellochbiographen haben von Keynes' Sturm-und-Drang-Periode der Bloomsbury-Ära zuviel des falschen Aufhebens gemacht. Denn erstens kultivierte man in Bloomsbury die Homoerotik und den leichten Partnertausch weder aus Veranlagung noch aus bloßer Frivolität; der Reigen stand für Überzeugung, Haltung. Zweitens blieb kaum einer seinen Jugendsünden oder -experimenten treu oder verfallen, keine männliche Julia, kein weiblicher oder weibischer Romeo. Von der Angst, entdeckt und gesellschaftlich entehrt zu werden – wie weiland Oscar Wilde –, fühlte sich keiner der jungen Wilden getrieben oder gar bedroht, vielleicht weil die Gesellschaft, seit ihrem Verbrechen an Wilde beschämt, tolerant(er) geworden war.

Keynes und seine Bloomsbury-Freunde boten der Gesellschaft einen Pakt an: Entweder ihr akzeptiert uns, wie wir sind und gerne sein möchten, oder wir halten uns von euch fern. Sein ist wichtiger als Karriere! Sie wußten, daß sie »Elite« waren, und ließen es ihre Umwelt auch spüren – ein Zug, der sich weder bei Keynes noch den anderen je ganz verloren hat. Es ist schwer zu sagen, ob ihr Nonkonformismus in ihrem Genie oder ihr Genie in ihrem Nonkonformismus wurzelte, denn Bloomsbury vereinigte zwischen 1910 und 1940 alles, was dem englischen Geistes- und Kulturleben Farbe, Frische und Inkonformität verlieh. Da waren die mathematischen Philosophen B. Russell und A. N. Whitehead, die Keynes zu ihrem »inner cercle« zählten und zu dem später nach seiner Emigration aus Österreich noch L. Wittgenstein hinzustieß. Da waren die Dichter W. H. Auden und T. S. Eliot, die Schriftsteller D. H. Lawrence, E. M. Forster, L. Strachey, Leonard und Virginia Woolf, Clive und Vanessa Bell, A. Huxley und G. B. Shaw, der Kunsthistoriker und -händler Duncan Grant, Keynes' lebenslanger Busenfreund, der Maler D. Garnett, den Keynes zu seinem Nachbarn in Tilton (Essex) machte, und viele andere.

Keynes mit seiner Gattin, der Tänzerin Lydia Lopokowa

Bloomsbury wurde Keynes' eigentliche geistige Heimat, die erst dann ein wenig – aber nie restlos – an Bedeutung verlor, als er 1925 Lydia Lopokova heiratete. »Es war Maynards klügster Entschluß«, kommentierte Lady Keynes seinen Antrag noch 20 Jahre später. Er hat es nie dementiert; denn sie hat ihn von allem Jugend-Sturm-und-Drang und -Überschwang kuriert oder domestiziert, weswegen ihr Bild, gezeichnet von Rivalinnen – wie es zum Beispiel Virginia Woolf war –, auch nicht ganz frei von Eifersucht ist. Sie habe aus Maynard einen gesetzten Mann, Geldbeschaffer ihrer Launen, aus dem Bohemien einen Bankier gemacht.

Es läßt sich nicht genau sagen, wer wem mehr gegeben hat: Keynes Bloomsbury oder Bloomsbury Keynes.

Für das erstere spricht seine ebenso heroische wie überflüssige Kriegsdienstverweigerung im Jahre 1917. Keynes teilte seinen Vorgesetzten in der Treasury, in die man ihn 1915 aus dem Indian Office kriegshalber versetzt hatte, mit, daß und warum er es ablehne, für England, dessen Kriegsziele er bei Kriegsausbruch als »verbrecherisch« bezeichnet hatte, mit der Waffe in der Hand zu kämpfen. Seine Vorgesetzten nahmen es kopfschüttelnd zur Kenntnis. Der Bekennermut war überflüssig: Man hatte ihn bereits für kriegsuntauglich erklärt, und er wußte das!

Für das zweite spricht das von seinem Bloomsbury-Freund G. B. Shaw im zweiten Weltkrieg veröffentlichte pazifistische Glaubensbekenntnis *Everybody's Political What's What* (New York 1944). Beim Lesen hat man den Eindruck, dieses Buch sei, wenn nicht von Keynes geschrieben, so doch von ihm inspiriert.

Apropos Shaw. Dieser notorische Geizhals erlernte von Keynes eine todsichere Methode, wie er permanent Gutes tun konnte und trotzdem sein Konto nicht zu plündern brauchte. Er versicherte sich des ständig steigenden Börsenwertes seiner Unterschrift als Sammelautographe. Lag sie bei 200 Pfund Sterling, so spendete er einem armen Kollegen oder sonstwie Hilfsbedürftigen eine milde Gabe von etwas weniger als 200 Pfund Sterling per Scheck. Blieb dieser uneingelöst, weil der Bankdirektor die Unterschrift von Shaw entweder selbst sammelte oder einem Sammlerkollegen weiterverkaufte, so freute er sich diebisch. Dies war sein Beitrag zur Keynesschen Einkommensumverteilung!

George Bernard Shaw und John Maynard Keynes in Cambridge, 1935

Keynes hatte sein erstes Buch *Indian Currency and Finance* 1913 veröffentlicht; es ist seine Generalabrechnung mit dem Indien – stellvertretend für alle Kolonien ohne eigene Währungssouveränität – ausplündernden Goldstandard, sein erster Vorgriff auf seine Ablehnung der deutschen Kriegsreparationen von 1919 und 1929 sowie auf die späteren *Proposals* für Bretton Woods. Zwei Jahre vorher (1911) hatte man ihm die Herausgeberschaft des *Economic Journal* angetragen und ihn zum Sekretär der Royal Economic Society ernannt – zwei Ehrenämter, die er gewissenhaft bis zu seinem Tode ausübte und ausfüllte. Dies alles und noch mehr, nämlich seine gesamte wissenschaftliche Karriere und gesicherte bürgerliche Existenz als brillanter Spitzendiplomat der britischen Währungs- und Finanzpolitik, die ihn bis zum Finanzminister oder Zentralbankgouverneur hätte hinaufbefördern können, setzte er aufs Spiel, als er 1919, mitten in den Versailler Friedensverhandlungen, den Dienst am uneinsichtigen Vaterland aufkündigte, um seinen Protest an dem ebenso inhumanen wie unökonomischen Karthagofrieden von Versailles der Welt zu Protokoll zu geben. Er tat dies in seinen *Economic Consequences of the Peace*, dem Buch, das ihn mit einem Schlage brotlos, aber weltberühmt machte.

Seine Bloomsbury-Ideale sowie seine Einsichten aus dem Indian Office bildeten längst eine Einheit und formten seine Einsicht in die weltwirtschaftlichen Vorgänge. Verbannte man aus der Welt Gerechtigkeit und Menschenwürde, indem man eine große Nation – die deutschsprechende – dazu zwang, einen Scheck zu unterschreiben, der ihr wirtschaftliches Helotendasein für immer besiegelte, dann waren nicht nur Hunger und Ausbreitung des Kommunismus vorprogrammiert, sondern auch der nächste, zweite Weltkrieg. Vordergründig stritt sich Keynes als Beauftragter der britischen Treasury mit dem französischen Finanzminister, Monsieur Klotz – »Klotzky«, wie ihn Keynes in Anspielung auf Trotzki insgeheim titulierte. Der Grund hierfür bestand darin, daß Frankreich das Gold der Reichsbank konfiszieren wollte, offiziell zum Ausgleich der deutschen Kriegsschäden in Frankreich. In Wahrheit ging es darum, Rache für Bismarck zu nehmen, denn dieser hatte 1871 den Goldschatz der

Banque de France, 5 Milliarden Francs, ein für damalige Verhältnisse gewaltiger Betrag, nach Berlin transportieren lassen. Keynes hatte die Regierungen Englands und die Vereinigten Staaten davon überzeugt, daß das noch vorhandene Restgold der Deutschen für die Bezahlung der dringend benötigten Nahrungsmittelimporte gebraucht würde, um den Hunger in Deutschland zu lindern und die Ausbreitung des von den Bolschewisten in Rußland ferngesteuerten Spartakusbundes, der militanten Keimzelle der späteren KPD, zu stoppen. »Klotzky«, so argumentierte er, war Trotzkis, des für den Weltexport des Bolschewismus Zuständigen im Politbüro der KPdSU, bester Verbündeter. Obwohl Englands Premier Lloyd George und der eigentliche Konferenzherr, US-Präsident Wilson, Keynes der Sache nach zustimmten, ließen sie ihn am Konferenztisch im Stich. Am 5. Juni 1919, seinem 37. Geburtstag, beendete Keynes das in seinen Augen ebenso hirn- wie würdelose Spiel und demissionierte.

Der 27. Earl of Crawford and Balcarres, damaliger Lordsiegelbewahrer und unverdächtiger Zeuge der Verhandlungen, hat uns in seinen privaten Tagebüchern ein gestochen scharfes Bild des damaligen Chefdelegierten der britischen Treasury gezeichnet:

»Keynes, der Mann der Treasury in Paris, ist ein klarer Kopf, selbstbewußt, mit einem untrüglichen Gedächtnis und einer undurchdringlichen Gelassenheit begabt. Obwohl einer der einflußreichsten Leute hinter den Kulissen, geht er, das ist mein Eindruck, an die großen politischen Probleme zu einseitig unter dem Aspekt von Währung und Währungsaustausch heran. Sein Rat in der großen Politik basiert in der Regel auf Prämissen, die technisch noch so korrekt sein mögen, aber in der Praxis außerordentlich mißlich sind. Dies ist ein Eindruck, der sich aus Keynes' Denkweise ergibt, obwohl sein Wort allzuoft für eine Offenbarung genommen wird. Er ist ein großartiger Bursche, aber er hat sein Leben im Kloster zugebracht, und er besitzt keinerlei Erfahrung im Umgang mit Menschen oder in der Einschätzung ihrer Temperamente«.[38]

Wirklich? Der konstruktive Gedanke eines Marshallplans und

einer organisierten Carepaketaktion zugunsten der hungernden und daher revolutionären Abenteuern nicht abgeneigten deutschen Bevölkerung mochte im Fiebertaumel des europäischen Nationalismus und des noch nicht verarbeiteten 19. Jahrhunderts im Jahre 1919 noch zu früh und der Zeit zu weit voraus gedacht sein. Die Erkenntnis aber, daß nur der Verzicht auf eine Revanche, die den alten Kontinent nur vollends ruinieren konnte, den eben gewonnenen Weltfrieden sichern würde, war es nicht.

War Keynes tatsächlich kein Menschenkenner? Seine *Economic Consequences of the Peace*, an deren Abfassung er sich sofort nach seiner Demissionierung machte – sie erschienen Ende 1919 –, widerlegen es. Nicht die meisterliche Vorrechnung der Unmöglichkeit der geplanten und dann auch verwirklichten Kriegstribute machten das Buch, kaum auf dem Markt, zu einem Weltbestseller, der zahlreiche Auflagen und Übersetzungen erlebte, sondern Keynes' Abrechnung mit den Dramatis personae der Versailler Konferenz, allen voran Clemenceau und US-Präsident Wilson. Keynes porträtierte Clemenceau als eine Mischung von staatsmännischem Fossil, französischem Gutsherrn und Molièreschem Tartuffe, Wilson als einen zwar wohlmeinenden, aber senilen Trottel, seinen eigenen Chef, Lloyd George, als walisischen Faun und politischen Leichtmatrosen, der den Weltfrieden für das Linsengericht seiner häuslichen Popularität und Wiederwahl in England verspielte.

Clemenceau »fühlte für Frankreich, was Perikles für Athen fühlte – dies war sein einziger Wert, sonst zählte gar nichts; aber seine Theorie der Politik entsprach der eines Bismarck. Er hatte eine Illusion, Frankreich, und eine Desillusion, die Menschheit, seine Landsleute und Kollegen am Verhandlungstisch eingeschlossen [...]. Er hielt sich an das, was er für die Psychologie der Deutschen ansah, daß die Deutschen nichts anderes verstehen und verstehen können als die Einschüchterung. Deswegen ging er ohne Großmut und Gewissensbisse in die Verhandlung [...]. Mit den Deutschen könne man weder verhandeln, noch dürfe man sie besänftigen; man müsse ihnen diktieren. Deswegen enthielt seine Philosophie auch keinerlei Platz für irgendeine »Sentimentalität« in internationalen Beziehungen. Nationen sind reale

Sachen: die eine liebe man, für den Rest fühle man Indifferenz – oder Haß.«

Zu dieser Philosophie paßte ein Mann, der »im Rat der Vier einen vierschrötig geschnittenen Anzug trug, feinste Qualität aus dicker schwarzer Wolle, an den Händen, die stets bedeckt waren, graue Wildlederhandschuhe; seine Stiefel waren aus grobem schwarzen Leder, solide, aber wie man sie auf dem Lande trägt, und vorne, kurios genug, öfters zusammengehalten nicht durch Schnürsenkel, sondern eine Schnalle«[39].

Könnte ein Maler pointierter sehen und porträtieren?

Als Kontrast dazu die Beschreibung von US-Präsident Wilson:

»Als er Washington verließ, erfreute er sich eines Ansehens und eines moralischen Einflusses in der ganzen Welt, der in der Geschichte ohne Parallele war [...]. Die feindlichen Völker vertrauten den Versprechungen, die er ihnen gemacht hatte. Die befreundeten Völker sahen in ihm nicht den Sieger, sondern fast so etwas wie einen Propheten. Zu seinem moralischen Einfluß addierte sich die Realität der Macht, die er in Händen hielt. Die amerikanischen Armeen dominierten nach Stärke, Disziplin und Ausrüstung. Europa hing vollkommen von den Vereinigten Staaten ab, was Lebensmittellieferungen und Finanzen betrag; es war absolut auf die US-Gnade angewiesen [...]. Niemals verfügte ein Philosoph über so machtvolle Waffen, um die Prinzen der Welt sich gefügig zu machen.«

Und wie verhielt sich dieser erste Staatsmann der Welt im Konferenzsaal von Versailles?

»Sein Kopf und seine Gesichtszüge waren fein geschnitten wie auf seinen Photographien. Halsmuskeln und Kopfform waren distinguiert. Aber wie Odysseus wirkte dieser Präsident weiser, wenn er Platz nahm. Seine Hände, wohlgeformt und vergleichsweise kräftig, ließen gleichwohl Sensitivität und Feinheit missen [...]. Sein Temperament war eben nicht so sehr das eines Studenten oder Gelehrten, ja, es verriet nicht einmal jene Weltkultiviertheit, welche M. Clemenceau und Mr. Balfour als so typische und exquisit erzogene Vertreter ihrer Klasse und Generation auswies. Aber was schwerer wog als dieses: er war nicht nur unsensibel, was seine Umgebung betraf, er war gänzlich unsensibel – durch und durch.

Was für eine Chance konnte ein solcher Mann gegen einen Lloyd George haben, der mit untrüglichem Instinkt, wie ein Medium, auf alles und jedes um ihn herum reagierte? Gegen einen britischen Premierminister, der mit sechs oder sieben Sinnen, über die ein normaler Mensch nicht verfügt, den Charakter, die Motive und die unbewußten Impulse einer Konferenz, der er lauschte, bewertete? Der im voraus wußte, was jeder dachte oder demnächst sagen würde, und jedes Argument und jede Haltung mit telepathischem Instinkt daraufhin berechnete, wie es auf die Eitelkeit, die Schwäche oder das Selbstinteresse jedes Zuhörers wirkte! Der arme Präsident konnte in dieser Runde nur die Partie eines blinden Spielers mit umgedrehten Karten spielen [...]. Die Alte Welt war ihm in jeder Ruchlosigkeit überlegen; am steinernen Herz der Alten Welt glitt das schärfste Schwert des tapfersten fahrenden Ritters ab! Aber dieser blinde und taube Don Quichotte hatte sich in eine Höhle begeben, in der sich das zuschlagende und blitzende Schwert in den Händen seiner Gegner befand!«[40]

Keynes – ein Mann, der aus dem Kloster kam und den nur die Aspekte von Währung und Währungstausch interessierten?

Englands damaligen und späteren Premier, Lloyd George, den Keynes in den *Economic Consequences* vergleichsweise milde davonkommen ließ, hat er sich später vorgenommen:

»Wie kann ich dem Leser, der ihn nie kennengelernt hat, einen ungefähren Eindruck von der Außergewöhnlichkeit dieser Figur unserer Zeitgeschichte vermitteln? Dieser Syren, dieser bocksfüßige Barde, dieser halbmenschliche Besucher unseres Zeitalters aus der Hexenwelt und den Zauberwäldern unserer keltischen Ahnen! Man atmet in seiner Gesellschaft die Luft letzter Zwecklosigkeit, innerer Verantwortungslosigkeit, einer Existenz jenseits und weit entfernt von den Geboten unseres angelsächsischen Gut und Böse, gemischt mit schlauer, gewissenloser Anbetung der Macht, die die Faszination, den Zauber und den Terror der lediglich gerecht erscheinenden Magier unserer nordeuropäischen Folklore sich ausleiht [...] Lloyd George wurzelt in nichts, er ist leer, ohne jeden Inhalt. Er lebt und nährt sich von seiner unmittelbaren Umwelt. Er ist gleichzeitig Musikinstrument und sein Spieler; er spielt auf der Gesellschaft und wird von ihr gespielt. Er ist ein Prisma, als welches ich ihn beschrieben gehört habe, das gleichzeitig das Licht sammelt und bricht und dessen Brillanz dann am hellsten aufstrahlt, wenn das Licht von vielen Seiten auf einmal einbricht. Er ist Vampir und Medium in einem.«[41]

Geben wir zu, daß so mancher Politiker der Gegenwart das unverdiente Glück hat, daß es zur Zeit keinen Keynes gibt, der das, was viele fühlen, so exakt artikuliert: Eine Feder wie die seine hat seitdem kein politischer Ökonom mehr geschwungen: scharf wie ein Messer, und doch nicht von der Lust am Halsabschneiden, sondern von der nach der Befreiung von verbergenden Bärten getrieben.

Aber jedes Fest endet. Keynes mußte sich – Weltruhm hin, Autorität in Sachen Weltgewissen her – einen Brotberuf suchen. Er heuerte noch 1919 in der City of London als Direktor bei der altehrwürdigen National Mutual Life Insurance Society an. Zwei Jahre später (1921) wurde er ihr Präsident. Im Jahre 1924 übernahm er zusätzlich die Leitung des Independent Investment Trust. In beiden Gesellschaften revolutionierte er die Anlagenpolitik, er machte sie flexibler und aktiver, dehnte sie von mündelsicheren, aber ertragslosen »guilt-edged's« auf die »blue chips« der Londoner und New Yorker Börse aus – von Renten- auf Risikopapiere. Der Erfolg gab ihm recht. Eine Dekade nach seinem Eintritt stand die National Mutual an der Spitze aller englischen Lebensversicherer, sowohl was die Höhe der Rücklagen als auch die der Ausschüttungen betraf. Seine Rede vor der Hauptversammlung der Aktionäre im Jahre 1929 war der Höhepunkt seiner Karriere als Finanz- und Investmentmanager. Kein Manager aber hat den Erfolg für immer gepachtet. In der heraufziehenden Aktienkrise der Jahre 1929/30 zeigte sich das Risiko seiner aktiven Investment-Policy von seiner anderen Seite: Beide Keynes-Institute mußten außergewöhnliche Verluste hinnehmen. Aber Comanager und Aktionäre hielten zu Keynes und widerstanden der Versuchung, mitten im Rennen den Jockey zu wechseln. Es brauchte fast ein halbes Jahrzehnt, bis Keynes die Verluste der großen Depression wieder herausgewirtschaftet hatte. Anfang 1935 konnte er erleichtert mitteilen, daß man wieder da stand, wo man 1919 den Erfolgskurs hatte verlassen müssen. Waren es diese bitteren Erfahrungen, die Keynes zu folgenden Sätzen in der entstehenden *General Theory* inspirierten?

»Spekulanten mögen so lange nicht stören, wie sie Blasen auf einem stetigen Strom der Unternehmungen abgeben. Aber die Lage wird ernst, wenn die Unternehmungen die Blase auf einem Wirbel reinster Spekulation werden. Wenn die Kapitalentwicklung eines Landes zum Abfall- und Nebenprodukt von Kasinoaktivitäten wird, dann ist etwas faul in diesem System.«[42]

Die letzten zehn bis zwölf Jahre des exemplarischen Lebens des John Maynard Keynes standen nur noch im Lichte dieser durch das Auf und Ab seiner Managererfahrungen gezeichneten Erkenntnis: Es mußte gelingen, der kapitalistischen Wohlfahrtsmaschine mehr innere und äußere Stabilität – nur ein anderes Wort für Betriebssicherheit – zu verschaffen. Als Manager konnte er nichts dazu beitragen. Also entsagte Keynes diesem Beruf und zog sich 1938, mit Ehren und Danksagungen seiner Aktionäre überhäuft, aus dem Geschäftsleben zurück. Geliebt hat er es nie, wie seine Kollegen übereinstimmend bezeugt haben, aber er hatte diese Praxis gebraucht und sie in allen seinen Schriften und Reden als unverzichtbar erklärt; denn jetzt wußte er, worüber er theoretisierte – über die der Geldwirtschaft »inhärenten Instabilitäten« (W. Eucken) – und wofür er plädierte – für die Erhaltung der Marktwirtschaft bei einem Höchstmaß an Wirtschaftswachstum, Beschäftigungs- und Währungsstabilität, trotz ihrer eingebauten monetären Unruhe.

Zwischen dem ersten (1937) und dem letzten Herzinfarkt (1946) wirkte er nur noch dafür, die Krisenanfälligkeit des kapitalistischen Wirtschaftssystems für immer und für alle Zeiten aus der Welt zu schaffen. Hierfür entwickelte er seine nationalstaatliche Globalsteuerung der Wirtschaft mit den Mitteln der Geld- und (zeitweise) denen der Fiskalpolitik sowie deren außenwirtschaftlicher Absicherung durch den weltweiten Beschäftigungspakt der Nationen, symbolisiert durch »seine« Weltgeldordnung und »seine« Weltentwicklungshilfe

Ist er mit diesen Zielen gescheitert? 40 Jahre nach seinem Tod und 50 Jahre nach Erscheinen der *General Theory*, die das ökonomische Denken mit neuen Erkenntnissen, das ökonomische Politisieren mit neuen Instrumenten bereicherte, sieht es eher nach dem Gegenteil aus, nämlich daß wir, seine Nachfahren, am Nichtverständnis, an der Nichtbefolgung seiner Lehre gescheitert sind. Noch aber ist es nicht zu spät, in seinem Sinne diese Welt wieder »in Ordnung« zu bringen, denn:

»Unsere Lebensaufgabe besteht darin, jene Formeln zu finden, die die grenzenlose Angst der Freien mildern. Wir müssen das Zerrissene zusammenfügen, einer so offensichtlich ungerechten Welt die Vorstellung der Gerechtigkeit wiederbringen und den vom Unheil des Jahrhunderts vergifteten Völkern die Bedeutung des Glücks neu schenken. Es ist dies natürlich eine übermenschliche Aufgabe. Doch man nennt jene Aufgaben übermenschlich, die den Menschen lange Zeit kosten. Das ist alles.«

Das stammt zwar nicht von Keynes, sondern von Albert Camus[43], aber es hätte auch von John Maynard Keynes gesagt werden können, denn: In the long run sind wir zwar alle tot, aber unsere Probleme lösen sich nicht von selbst. Dazu bedarf es der Kombination von Verstand und Herz.

Als ihn der Geistliche auf dem Krankenlager fragte, was er zu bereuen habe, soll er gesagt haben: ich hätte mehr Champagner trinken sollen. Kein Zweifel, daß er diesen Luxus allen Menschen gegönnt hat. Am 21. April 1946, einem Ostermontag, ist er gestorben.

Warum diese Krise, Mr. Keynes?

Ein fiktives Gespräch des Autors mit John Maynard Keynes

Vorbemerkung: Warum entkoppeln sich Wirtschaftswachstum und Vollbeschäftigung? Warum müßte immer mehr Wirtschaftswachstum, immer mehr Investitionsaufwand entfacht werden, um das verfügbare Arbeitskräfteangebot – vornehmlich an jungen, neu ins Erwerbsleben eintretenden Frauen und Männern – mit Arbeitsplatz und Einkommen zu versorgen? Leiden wir in den westlichen Industrieländern der achtziger Jahre – die Bundesrepublik Deutschland eingeschlossen – an (relativer) Überbevölkerung, zu starken Geburtsjahrgängen, an Überproduktivität, einem zu starken, massierten Einsatz neuer Technologien, an zu langen Arbeitszeiten, zu hohen Löhnen?

Das sind die Fragen, die heute in den westlichen Marktwirtschaften (die sich gerne die »sozialen« nennen) wissenschaftlich und öffentlich diskutiert werden. Wer hat die Antwort? Die »monetaristische« Steuerung von Volkswirtschaft und Konjunktur über die Geldmenge? Die »angebotsorientierte« Wirtschaftspolitik der Unternehmeranreize über Steuersenkung, Lohnpausen, Abbau der Sozial- und Lohnnebenkosten, mit der in unterschiedlicher Mixtur in den Vereinigten Staaten, Großbritannien und der Bundesrepublik seit der Ächtung des Postkeynesianismus, seit der sogenannten Wende also, herumexperimentiert wird? Die Konjunkturzyklen haben sich abgeschwächt, die Arbeitslosen sind geblieben. Teils haben ihre Zahlen und Raten (wie in England) zugenommen, teils haben sie sich absolut und tendenziell (wie in den Vereinigten Staaten und der Bundesrepublik) zwar vermindert, bedrohen aber als viel zu hohe Sockelbeträge (zwischen acht und zehn Prozent der jeweils aktiven Erwerbsbevölkerung) den Glauben an die Funktionsfähigkeit, Gerechtigkeit und damit die Stabilität des Systems. Ist die antikeynesianische Wende eine »Revolution der Reichen gegen die Armen« (Max Frisch)?

Wie würde ein Keynes diesen Zustand der Dinge beurteilen? Wie stehen die Chancen, wo sind die Ansatzpunkte einer Wirtschaftspolitik à la Keynes? Darüber unterhält sich der Autor mit einem fiktiven John Maynard Keynes.*

Hankel: Mr. Keynes, welches ist Ihrer Ansicht nach der eigentliche Grund für die schleichende Weltwirtschaftskrise der Gegenwart, unter der alle Systeme leiden – die kapitalistischen und die kommunistischen, die Industrie- wie die Entwicklungsländer? Warum verzeichnen wir zwar durchaus spürbare Wachstumsraten der Wirtschaft, aber keine durchgreifenden Verbesserungen auf den Arbeitsmärkten?

Keynes: Krisen der Wirtschaft haben ihren letzten Grund oft weniger in neuen Entwicklungen, Technologien oder Finanzierungsgewohnheiten als vielmehr darin, wie wir auf diese Innovationen reagieren. Wirtschaftliche Krisen sind meistens ein Spiegelbild unseres irritierten Denkens und unseres verunsicherten Handelns in einer veränderten und daher unverständlichen Welt. Immer dann, wenn es in der ökonomischen Realität anders zugeht, als es die Modelle der Wirtschaftslehrbücher vorschreiben, sollten die Ökonomen, statt in der Rumpelkammer überholter Theorien herumzustöbern, nach den *monetären* Ursachen der Krise fahnden.

---

* Das folgende Interview wurde am 26. März 1986 nur geringfügig verändert im 2. Hörfunkprogramm des Südwestfunks in der Reihe *Welt von heute* (Redaktion: Paul Assal) gesendet. Der Verfasser dankt dem SWF Baden-Baden für die Genehmigung zur Weiterverwendung.

Geben nicht die monetären Phänomene der Gegenwart Anlaß, neu über sie nachzudenken?

H.:. Sie meinen die gewaltigen Geld-, Kredit- und Schuldentürme, die seit Mitte der siebziger Jahre überall in der Welt aufgetürmt worden sind – sowohl innerhalb der Staaten als auch zwischen ihnen?

K.: In den Staaten hat man gigantische Türme öffentlicher Verschuldung und zwischen den Staaten noch monströsere private Schuldendienstgefängnisse aufgebaut. Sie stellen alles in den Schatten, was wir aus früheren, dunklen Kriegs- und Revolutionszeiten kennen. Dabei stehen diese Schuldentürme auf einem höchst unsicheren Grund, auf einem Netzwerk aus fragwürdigen und unsolide finanzierten Krediten. Man muß nur Eins und Zwei zusammenzählen, in dem Fall nämlich die gewaltigen Summen dieser Kredite oder Rückzahlungsversprechen und die Beträge der dahinterstehenden realen Investitionen und Ersparnisse, um zu wissen, was das bedeutet. Der überwiegende Teil dieser in die Billionen gehenden Geldforderungen ist weder »gedeckt«, noch kann er in den vertraglich vereinbarten Fristen getilgt werden. Steckt dahinter nicht eine phantastische »Geldvermögensillusion«?

H.: Eine »monetäre Explosion« dieses Ausmaßes müßte uns aber doch Inflation statt Depression, Über- statt Unterbeschäftigung bescheren! Geht nicht auf Sie der Satz zurück: Fünf Prozent Inflation seien für die Vollbeschäftigung günstiger als fünf Prozent fehlende Nachfrage und daraus resultierende Arbeitslosigkeit?

K.: Gewiß, die Inflation sind Sie zumindest in der Bundesrepublik bis auf weiteres los, aber dafür hat sich Ihre Arbeitslosenrate seit Beginn der achtziger Jahre mehr als verdoppelt. Sie leisten sich den Luxus der Inflationsbekämpfung, um zwischen acht und zehn Prozent ihrer Erwerbsbevölkerung

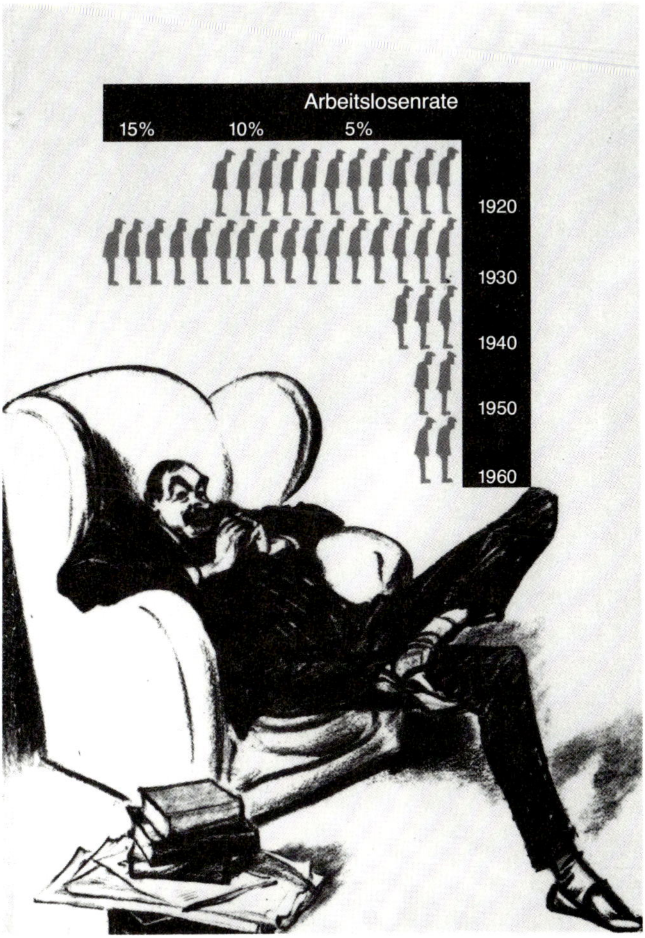

Keynes-Karikatur von David Low aus dem »New Statesman«

unproduktiv über den Sozialetat zu ernähren. Der Satz, den Sie zitiert haben, stammt meines Wissens von Ihrem früheren Bundeskanzler Helmut Schmidt, der sich in der Zwischenzeit – soviel ich weiß – von ihm distanziert hat. Nein: meine Schlüsselgröße für den Grad und die Bestimmung der Beschäftigung ist nicht die Inflation, sondern die unterschiedlichen Befürchtungen der Sparer und Investoren bezüglich einer Entwertung ihrer Einkommen und Vermögensansprüche – was nicht das gleiche ist.

H.:. Aber diese Entwertungsangst spielt doch in der Bundesrepublik der achtziger Jahre keine Rolle mehr!

K.: Gibt es keine Angst vor Konkurs und Konjunktur? Gegen das Konjunkturrisiko gibt es keine Versicherung, für die Regelung von Staatskonkursen keinen Richter. Wenn sich zum Beispiel ein Staat, sei es der eigene oder ein fremder, des Konkurses als Mittel der Entschuldung bedient, weil er sich außerstande sieht, die Ansprüche seiner Geldgläubiger zu erfüllen, dann schützt den Geldverdiener oder -besitzer auch keine Rechtsordnung mehr, weder die nationale noch die internationale! Was also bleibt den Leuten übrig, die ihr Geld in Schuldtitel oder Währungen dieser Staaten angelegt haben? Sie müssen wie in den finstersten Tagen der Geldgeschichte zur monetären Selbsthilfe greifen und versuchen, sich privat gegen die monetären Risiken rückzuversichern.

H.: Was ist daran so verwerflich?

K.: Das ist nicht verwerflich, es ist verderblich. Wann immer feinfühlige Investoren und Sparer mit derartigen Unwägbarkeiten rechnen müssen, verändern sie ihr Verhalten. Die einen machen Kasse, die anderen verzichten auf eigene Investitionen und kaufen sich über Börse und Banken bei anderen Großkonzernen ein, die gerade billig zu haben sind.

H.: Sie meinen Fälle wie AEG, Dornier, die Auflösung des Flick-Konzerns?

K.: Beispiele, die für viele stehen! Sie haben gemeinsam, daß Arbeitsplätze schaffende Investitionen unterbleiben und potentielles Investitionskapital in Finanzanlagen verwandelt wird – ohne jede Auswirkung auf Einkommen und Beschäftigung. Wieder andere flüchten ganz aus den riskanten Neuinvestitionen in neue Sachwerte und kaufen nur noch Finanzanlagen, deren Verzinsung über der befürchteten Entwertungsrate liegt: Wertpapiere in eigener oder fremder Währung, wobei sie auf Zins plus mögliche Währungsgewinne spekulieren – mal in US-Dollar, mal in Japan-Yen, mal in DM. Der westliche Finanzkapitalismus läßt niemanden, der einen Ersatz für Realinvestitionen sucht, im Stich. Irgendein Geldgeschäft lohnt sich immer und verspricht einen höheren Entwertungsschutz als das »hausbackene« Investieren und Sparen.

H.: Das kann sich aber als trügerisch erweisen.

K.: Aber was ist die Alternative? Geld ist und bleibt der »monetäre Wartesaal«, der immer dann zum Betreten einlädt, wenn auf den regulären Fahrplan der planmäßig verkehrenden Kapitalzüge kein Verlaß mehr ist. Eine Geldanlage mag noch so riskant sein, wenn sie sich hoch genug verzinst und zudem noch Währungsgewinne abwirft, ist sie bei weitem attraktiver und beruhigender, als sich mit der Konkurrenz herumzuschlagen oder von den Launen der Konjunktur abhängig zu sein. Ein Rentner schläft besser als ein Investor! Ich behaupte: Je unsicherer die Zeiten werden, desto sicherer wird es, in irgendeiner Form monetär zu überwintern. Nur wird dadurch die Krise aufgrund der ausfallenden Nachfrage nach produktiven Investitionsgütern zu einer Dauererscheinung – und mit ihr die Arbeitslosigkeit.

H.: Dann spielt es auch keine Rolle mehr, vor welchem Risiko die Sparer sich geschützt haben.

K.: Angst ist Angst und zeitigt immer die gleichen Konsequenzen. Mal sind es die befürchteten Inflationsverluste, mal die erhofften Deflationsgewinne, beides Spekulationen, die zum »Übersparen« führen, bis dann diese Sparer irgendwann einmal merken, daß sie sich verspekuliert haben: denn ohne reale Investitionsdeckung reduziert sich jede Geldersparnis auf einen Anspruch, der nur auf dem Papier steht.

H.: Und das alles, weil die Sparer das Risiko der Konkursabwertung ihrer Vermögen falsch eingeschätzt haben?

K.: Unter anderem. Einen Kapitalismus, eine Geldwirtschaft zum Risikotarif Null hat es noch nie gegeben. Daher lautet der erste Hauptsatz meiner Lehre: Wer ja zur Geldwirtschaft sagt, muß auch ihre Risiken übernehmen. Doch ich füge dem zwei weitere Sätze hinzu, einen analytischen und einen politischen. Der analytische Satz lautet: Die Geldrisiken schlagen sich immer zuerst und am stärksten in der Realsphäre der Investitionen nieder; denn Investieren *kann* man, man *muß* es aber nicht, weil es für jede Nichtinvestition eine monetäre Ersatzanlage gibt. Das Sparen dagegen stellt einen Naturtrieb dar. Auf lange Sicht sind wir alle Eichhörnchen! Daraus folgt als Satz zwei: Wer die Risiken des Kapitalismus in einigermaßen kalkulierbaren Grenzen halten will – schon um Wachstums- und Beschäftigungsverluste zu vermeiden –, muß eine Doppelstrategie einschlagen. Er muß die Geldwirtschaft unter Kontrolle halten, damit sie nicht explodiert, und er muß im Zweifelsfall die Investition stärker schützen als das Sparen anreizen. Denn wie ich schon sagte, das Investieren ist stärker gefährdet als das Sparen, und außerdem ist das Investieren die Voraussetzung dafür, daß auf Dauer überhaupt gespart werden kann. Nochmals: Was nützt eine Ersparnis, der letztlich die reale, die investorische Deckung fehlt? Sie führt zu Betrug und Selbstbetrug, eben zu dem, was ich anfangs die phantastische »Geldvermögensillusion« unserer Gegenwart genannt habe.

H.: Ich meine, aus Ihren Antworten einen ganz neuen, einen »philosophischen« Keynes herauszuhören. Wo ist der Keynes der Lehrbücher, der den Kapitalismus als leicht steuerbares Regelsystem begreift? Wo ist der Keynes der wirtschaftspolitischen »Macher«, die die Zyklen und Krisen des Kapitalismus fest im Griff ihrer »Globalsteuerung« haben, so daß die Vollbeschäftigung nie ernsthaft gefährdet ist? Jetzt auf einmal verweisen Sie auf die im Zeitgeist verankerten Ängste vor Kapitalwertverlusten und vor sozialem Abstieg. Interpretieren Sie sich damit nicht völlig neu?

K.: Überhaupt nicht! Schon meine *General Theory* von 1936 enthielt ein wirtschaftstheoretisches Konzept und eine wirtschaftspolitische Nutzanwendung – und zwei außerst wichtige Kapitel über Erwartungen, Unsicherheiten und Psychologie. Mein theoretisches Konzept ist, war und bleibt zeitlos: Die kapitalistische Krise kommt vom Geld und stört die Investitionen mehr als das Sparen. Meine wirtschaftspolitische Nutzanwendung von damals war naturgemäß auf die Situation der dreißiger Jahre bezogen. Aber sie unterscheidet sich bei Lichte besehen gar nicht so sehr von der, die ich für die achtziger Jahre empfehlen würde; denn Angst vor Kapitalwertverlusten und Angst vor sozialem Abstieg gibt es auch heute. Das Neue an der Situation ist, daß diese Ängste vermehrt auftreten. Wer in den reich gewordenen Wohlstandsökonomien des Westens hat nichts zu verlieren – sei es durch die Inflation, sei es durch den Bankrott seines oder eines anderen Staates, seiner oder einer fremden Bank, seiner Privat- oder Sozialversicherung? Immer mehr Leute befürchten etwas in dieser Richtung, und ich fürchte: zu Recht! Denn das, was sie sich für später zurückgelegt haben, hat heute möglicherweise schon ein anderer verbraucht: ein Arbeitsloser, ein Rentner, fremde Staaten, deren Einkommen aus den Schulden finanziert worden sind, die Sie und viele für ihre zukunftssicheren Ansprüche halten. Neu ist ferner das Ausmaß der weltwirtschaftlichen Verflechtung. Arbeitsplätze hängen vom Export ab, aber wovon hängt der Export ab? Davon, daß die Weltwirtschaft wächst, ihre Kunden zahlungskräftig und -fähig bleiben; daß der DM-Kurs zum Kurs des US-Dollar stimmt und daß die internationale Wettbewerbsfähigkeit der Staaten nicht von heute auf morgen durcheinandergeschüttelt wird. Hatte ich in den wirtschaftspolitischen Empfehlungen für die dreißiger Jahre mehr auf die verschütteten Kraftreserven des Kapitalismus abgehoben und mit meinen Rezepten versucht, diese wieder zu entfesseln ...

H.: ... durch Deficit-spending, durch schuldenfinanzierte Haushaltsmehrausgaben also, durch öffentliche Arbeitsbeschaffungsmaßnahmen und eine extreme Billiggeldpolitik ...

K.: Genau. Aber alle diese Empfehlungen müssen doch aus ihrer Zeit heraus verstanden werden. Vergessen Sie nicht: Die Staatsquoten und Staatsverschuldung waren damals, verglichen mit heute, in aller Welt extrem niedrig. Die Weltwirtschaft spielte als Stör- oder Anpassungsfaktor so gut wie gar keine Rolle. Sie war entweder zusammengebrochen, oder die Nationalstaaten hatten sich, so gut sie konnten, von ihr abgekoppelt – die einen durch flexible Wechselkurse, die anderen, indem sie, wie Hjalmar Schacht es in verhängnisvoller Weise getan hatte, Staatshandel und Devisenbewirtschaftung eingeführt hatten. Am allerwenigsten aber störte der zwischenstaatliche Kapitalverkehr. Er war wegen der Krise fast vollständig zum Erliegen gekommen. Um so unbegreiflicher war, daß sich fast alle westlichen Regierungen darin zu überbieten versuchten, die Krise, die ja durch Nachfragemangel entstanden war, durch eine weitere Verschärfung des Nachfragemangels zu »heilen« – wie zum Beispiel Ihr Reichskanzler Brüning mit seiner verheerenden Sparpolitik. Was aber das Ärgste war: Indem man die Löhne senkte und die Zinsen erhöhte, schreckte man die Investoren gleich doppelt davor ab, beschäftigungswirksame Investitionen zu tätigen. Sie wurden durch diese von allen guten Geistern verlassene Politik geradezu gezwungen, ihre potentielle Nachfrageenergie auf Eis zu legen; sie speicherten diese Nachfrage in immensen »Geldvermögenssilos«, in wahren »Liquiditätsfallen«.

H.: Damals, in den dreißiger Jahren, entwickelten Sie Ihr Konzept der »antizyklischen Konjunkturpolitik«, das Ihnen später den Ruf eingebracht hat, ein unverbesserlicher Inflationist und Fiskalist zu sein, den Ruf eines Ökonomen, der das Wort Ökonomie nicht im Sinne von Einsparung, sondern im Sinne von Verschwendung übersetzt.

K.: Ich war und bin weder ein Inflationist noch ein Fiskalist. Ich war und bleibe »Monetarist« – freilich von einer anderen Sorte als diejenigen, die sich heute so nennen. Meine besten Schüler, wie zum Beispiel der US-Ökonom James Tobin, der 1981 den Nobelpreis für Ökonomie erhielt, haben mein zeitloses Konzept vom »Nachfrage-Verschiebebahnhof Geld« mittlerweile zu einer universellen Theorie der alternativen Geldanlagen- oder Portfolioentscheidungen ausgebaut und verfeinert. Mit dieser Theorie können wir sowohl die Krise der dreißiger Jahre wie auch die Krise der achtziger Jahre erklären und, wenn wir daraus die richtigen Schlußfolgerungen ziehen, auch bewältigen.

H.: Wie?

K. Das ist gar nicht so schwierig. Merken die Unternehmer, daß sie ihr in der Vergangenheit verdientes Geld und das Geld aus ihren laufenden Gewinnen und Abschreibungen nur zu höheren Kapitalrisiken als in der Vergangenheit wieder investieren können, dann werden sie alternative Geld- oder Finanzanlagen suchen und finden. Dieses Geld fehlt dann als effektive Nachfrage auf den Güter- und Arbeitsmärkten. Der Rest ist die Krise!

H.: Und das beobachten wir heute wieder?

K.: Überall auf der Welt, wo es vernünftige und hart rechnende Investoren gibt. Sehen Sie sich doch die Bilanzen der Groß- und Kleinunternehmen an! Die Großen sind längst zu Quasibanken und Investmentfonds geworden; die Kleinen plündern ihr Firmenkapital, machen mehr Entnahmen, als ihre Gewinne zulassen, und legen ihr Geld vermutlich an der Börse an.

H.: Läßt sich so ein Großteil der alle überraschenden Aktienhaussen erklären?

K.: Davon bin ich überzeugt! Aber nicht alle sind so clever; sie fallen dann dem Wettbewerb zum Opfer. Er hat in den vergangenen zehn Jahren allein in der Bundesrepublik gut 100000 von Alt- und Jung-, Groß-, Mittel- und Kleinunternehmern die Funktion des Arbeitgebers geraubt – ein unvorstellbarer und überflüssiger Verlust an Kapital, an marktwirtschaftlicher Substanz und an Arbeitsplätzen.

H.: Aber es kommen doch immer wieder auch neue Unternehmen hinzu. Weist nicht jede Statistik seit der »Wende« per Saldo aus, daß die Gesamtzahl der Beschäftigten steigt, nicht fällt?

K.: Seit es den Kapitalismus gibt, ist er ein ewiges »Stirb und Werde«, ein Prozeß der »schöpferischen Zerstörung«, wie Schumpeter gesagt hat. Aber wenn die Kosten der Kapitalerhaltung steigen, wird das »Unternehmen« teurer als das »Unterlassen«. Dies verändert nicht nur das unternehmerische Verhalten: Man investiert in Größe, in Sicherheit und Marktbeherrschung statt in Wagnis, Wettbewerb und Zukunft; man vermeidet die starrsten aller Kosten: die Löhne, und ersetzt sie durch die beweglichsten: die Abschreibungen. Ich behaupte: Je unberechenbarer die Zeiten werden, desto mehr wird auch Arbeit durch Kapital ersetzt, desto mehr werden Arbeitsplätze »wegrationalisiert«, desto stärker wird die Flucht in moderne Technologien spürbar sein – eine Flucht, die zwar der Einzelfirma Lohnkosten einspart, der Gesamtwirtschaft aber die Kosten der Arbeitslosigkeit aufbürdet. Vor allem aber verändert die Kostenexplosion der Kapitalerhaltung die Geldnatur. Geld – das ist die Quintessenz meiner Lehre – stellt die stets mögliche Alternative für das Nichtinvestieren dar – in allen möglichen und erhältlichen spekulativen oder nichtspekulativen Formen der Geld- und Finanzanlage.

H.: Stellt dieser Satz den Kernpunkt Ihrer »Revolution« des ökonomischen Denkens dar?

K.: Es scheint so, obwohl ich nicht meine, eine Revolutionierung des ökonomischen Denkens angezettelt zu haben. Ich habe die traditionelle Ökonomie meiner Vorgänger und Lehrer weiterentwickelt und bin zu dem Ergebnis gekommen, daß in der sich selbst überlassenen Marktwirtschaft die Vollbeschäftigung aller Sach- und Humankapitalressourcen weder durch Marktgesetze garantiert noch durch vollbeschäftigungsneutrale Anpassungs- und Umstrukturierungsprozesse gewährleistet wird. Mit anderen Worten: Schumpeters Prozesse der »schöpferischen Zerstörung« zerstören per Saldo mehr, als sie schöpferisch leisten.

H.: Geld ist also kein produktions- und beschäftigungsneutraler »Schleier«, sondern die ständig tickende »Zeitbombe«, die den marktwirtschaftlichen Zusammenhang zwischen gesamtwirtschaftlichem Angebot und gesamtwirtschaftlicher Nachfrage auseinanderreißen kann – um den Preis der allgegenwärtig lauernden Krise?

K.: Ja. Und hieraus ergeben sich alle übrigen Schlußfolgerungen: die permanente Gefährdung der Vollbeschäftigung und die Unterbeschäftigung, nicht als Krankheit, sondern als der Normalzustand des über das individuelle Geldnachfrageverhalten gesteuerten kapitalistischen Wirtschaftsprozesses.

H.: Ist das nicht ein zu hoher Preis für die Freiheit des Geldmarktes?

K.: Ich meine nein. Zugegeben: Das Soziale der Marktwirtschaft versteht sich nicht von selbst, aber es kann leicht hergestellt werden – durch eine zuverlässige Geldordnung und durch eine vernünftige, auf Vollauslastung aller Ressourcen zielende Wirtschaftspolitik »im Rahmen der marktwirtschaftlichen Ordnung«, wie es im § 1 des noch immer vorbildlichen »Wachstums- und Stabilitätsgesetzes der deutschen Wirtschaft« von 1967 heißt.

H.: Aber gerade dieses Gesetz von 1967 gilt doch als überholt.

K.: Zu Unrecht. Es hat einen – allerdings behebbaren – Webfehler, der ein bißchen auch der meine ist. Es stützt sich zu stark auf mein Modell der dreißiger Jahre, also auf jene Zeit, da es weder eine zu hohe Staatsquote und Staatsverschuldung gab noch eine »störende« Weltwirtschaft.

H.: War es also Ihr Fehler, daß Sie Ihre »Vollbeschäftigungsbotschaft« am Modell einer geschlossenen und weitgehend staatsfreien Volkswirtschaft exemplifiziert haben?

K.: Von damals aus gesehen, nicht. Von heute aus gesehen, könnte es so scheinen. Aber ich habe meinen Fehler (wenn es überhaupt einer war) früher eingesehen und korrigiert als die meisten meiner Feinde und viele meiner Freunde. Ich war bereits ein »Weltökonom«, als diejenigen, die sich heute so nennen, noch die Schulbank drückten. In meinen *Proposals for an International Clearing Union* der Jahre 1941–43, jener nur als Torso verwirklichten Blaupause für das spätere Weltwährungssystem von Bretton Woods ...

H.: ... in Ihrem sogenannten Keynes-Plan also ...

K.: ..., ergänzte und erweiterte ich mein Modell der Vollbeschäftigung in *einem* Land unter Vernachlässigung der weltwirtschaftlichen Umwelt zu einem Weltmodell für alle Länder, die über die gemeinsame Weltwirtschaft und deren Abrechnungssysteme miteinander verbunden und voneinander abhängig sind. Ich korrigierte die Vereinfachung der *General Theory*, daß man die Zahlungsbilanz eines Landes »barmherzig vernachlässigen« oder – durch flexible Wechselkurse zum Beispiel – »unbarmherzig abschalten« könne.

H.: Weil Ihnen klar war oder klar wurde, daß sich weltoffene und weltabhängige Volkswirtschaften auf Dauer gar keinen Vollbeschäftigungs-Nationalismus leisten, sich nicht »abkoppeln« können?

K.: Ja. Aber weil mir – zweitens – noch klarer war oder wurde, daß sich kein internationaler Handel ohne den Einsatz einer für alle Nationen gleich akzeptablen und verbindlichen Geld- oder Abrechnungseinheit, ohne ein Mittel »letzter« internationaler Liquidität, in dem alle am internationalen Leistungs- und Kapitalaustausch beteiligten Nationen ihre Währungsparitäten ausdrücken und vergleichen können, organisieren läßt. Nur: Ein solches System stellt diejenige Führungsnation der Weltwirtschaft, die dieses Weltgeld bereitstellt, vor ein kaum lösbares Dilemma. Der Quasi-Weltzentralbankier unterliegt einerseits der Versuchung, durch zu großzügige Ausgabe seines Weltgeldes den Rest der Welt – unter Vernachlässigung seiner Zahlungsbilanz – »leerzukaufen«. Andererseits aber würde derselbe Weltzentralbankier, wenn er seine Rolle ernst nähme und seine Zahlungsbilanz im Gleichgewicht hielte, alle anderen Länder in schwer auflösbare Deflations- und Unterbeschäftigungsprobleme verstricken. Es galt also eine Formel zu finden, durch die das aus dem monetären Zusammenspiel der Welthandelsnationen resultierende, »eingebaute« monetäre Ungleichgewicht der gemeinsamen Weltwirtschaft ein für allemal aus der Welt geschafft werden könnte. Es ging also darum, eine Weltgeldverfassung zu erfinden, in der jedes Land – Zahlungsbilanz hin oder her – dennoch zu Hause ein Mindestmaß an autonomer und nationaler Vollbeschäftigungspolitik betreiben konnte, in der kein Land, vor allem aber kein strukturelles oder gar unterentwickeltes Defizitland, mehr gezwungen sein sollte, auf dem Altar seiner unausgeglichenen Leistungs- und Zahlungsbilanz unerhörte Wachstums-, Einkommens- und Beschäftigungsopfer bringen zu müssen. Ein solcher Zustand wäre nicht nur mit dem Gleichgewicht und der gesicherten Expansion der Weltwirtschaft auf Dauer unvereinbar gewesen, sondern auch mit dem friedlichen Zusammenleben der Nationen. Aber leider – diese Ära einer wirtschaftlich gesicherten Welt brach weder 1945 an, noch sieht es heute, 40 Jahre danach, so aus, als ob eine solche Ära anbrechen würde.

H.: Sie meinen also erstens: Ihre *General Theory* von 1936 und Ihr Keynesplan von 1941–43 müssen als Einheit gesehen und zur Kenntnis genommen werden. Zweitens: Hätte man 1945 Ihren Plan akzeptiert (oder zumindest nicht so stark verwässert), dann wäre es nicht zur Schuldenkrise der Gegenwart gekommen?

K.: Zumindest die Bedrohung der weltwirtschaftlichen Expansion und der Verlust der Vollbeschäftigung überall auf der Welt durch die über die neue internationale Liquiditätsfalle US-Dollar »importierte« Depression wären uns erspart geblieben.

H.: Und das seit 1973 praktizierte weltweite Wechselkursfloating (das ja nichts anderes darstellt als eine Art weltweiter Währungsaufstand der Nationen gegen die monetäre Übermacht – manche sagen auch Hegemonie – des US-Dollars als Mittel letzter Liquidität) habe nichts gebracht? Waren es nicht Sie, der in den zwanziger Jahren und auch in der *Gene-*

ral Theory von 1936 das Schwanken der Wechselkurse als einen Schutzwall gegen internationale Schocks und Krisen bezeichnet und daher begrüßt hat?

K.: Sie übersehen den Wandel in der Geschäftsgrundlage. Das Experiment der freien Wechselkurse funktioniert nur in einem System der geringen oder an feste Regeln gebundenen zwischenstaatlichen Kredit- und Kapitalbewegungen, wie wir es vor 1914 hatten. Bei explodierendem weltweiten Kredit- und Kapitalangebot – die Situation, wie wir sie seit Ende des zweiten Weltkriegs mit gewaltigen Wachstumsschüben bekommen haben – mußte dieses Experiment scheitern. Denn welcher Defizitstaat – gleichgültig ob sein Defizit strukturell bedingt ist wie bei einem Entwicklungsland oder politisch wie bei den Vereinigten Staaten heute – kann der Versuchung widerstehen, zu Hause fehlendes Realkapital auf scheinbar billige Weise zu importieren? Statt, wie man gewollt hatte, den Inflationsimport zu stoppen, heizte man ihn also an! Man ersetze den einen und vergleichsweise bescheidenen »Inflationsherd« (das aus Zentralbank-Dollars finanzierte Leistungsbilanzdefizit der Vereinigten Staaten) durch den anderen und ungleich leistungsstärkeren, nämlich durch die großzügig »geschöpften« Kredit-US-Dollars der internationalen Bankenwelt. Ich weiß nicht, wen man für das daraus unvermeidlicherweise resultierende Schuldendebakel mehr verantwortlich machen muß: den Unverstand der Entwicklungsländer, die verdrängten, daß aufgenommene Kredite auch verzinst und getilgt werden müssen, den Zynismus der Vereinigten Staaten, die nach kurzer Schrecksekunde natürlich begriffen, wie vorteilhaft sich diese »Kommerzialisierung« ihrer alten Währungshegemonie für die Verfolgung ihrer eigenen Binnenziele auswirkte, oder die »Haifischinstinkte« seriöser internationaler Bank- und Finanzhäuser oder die Naivität jener Hundertschaften von Ökonomieprofessoren, die sich von der Freigabe der Wechselkurse – je nach ideologischer Brille – die Abschaffung des US-Dollar-Imperialismus, das

Ende der Weltinflation oder die Rettung der Weltwirtschaft versprachen?

Ich halte keinen Beschluß der Nachkriegsära für logisch so undurchdacht und für politisch so verhängnisvoll wie den der Freigabe der Wechselkurse vom Frühjahr 1973 – Zufall oder nicht – sechs Monate vor Ausbruch des Ölschocks, der den Weltkreditbedarf in Mount-Everest-Höhen hinaufkatapultierte. Damals wurde der monetäre Knoten geschürzt, den heute nur noch ein »monetärer Alexander« durchhauen könnte.

H.: Weltweit flexible Wechselkurse sind also unter den Rahmenbedingungen der Weltwirtschaft von heute ein glatter Verstoß gegen Ihre Lehre?

K.: Sie sind ein Verstoß gegen die marktwirtschaftliche Logik! Denn schiebt sich zwischen die freien, auf Wettbewerb gegründeten internationalen Gütermärkte ein fremder und unkalkulierbarer Währungsmarkt – mit heftig schwankenden Zinsen und Wechselkursen –, wird doch alles unberechenbar. Wenn aber im Kapitalismus nicht mehr sicher gerechnet werden kann, verkommt dieser zur Lotterie, wird die Marktwirtschaft zur Spielbank, in der nicht mehr Wettbewerb und Leistung entscheiden, sondern das Glück des erfolgreichen Spielers!

H. Mr. Keynes, Sie erklären die gegenwärtige Weltwirtschaftskrise aus einem Defekt der Geldwirtschaft. Was aber hat das unberechenbare Spiel der Zinsen und der Wechselkurse – zweier monetärer Größen also – mit der weltweiten Massenarbeitslosigkeit zu tun?

K.: Wie soll ein Unternehmer und Investor bei Zinsen und Wechselkursen, die wie die Kartoffelpreise schwanken, vernünftig planen? Und wie soll ein Sparer eine vernünftig überlegte Alters- und Zukunftsvorsorge betreiben, wenn er befürchten muß, daß seine Sozialversicherung wegen des

»Rentenberges« unberechenbar wird? Wie soll eine Regierung, eine Notenbank, der mit dem Zins und dem Wechselkurs die wichtigsten Instrumente der Vollbeschäftigungspolitik aus der Hand genommen wurden, eine rationale Wirtschafts-, Währungs- und Finanzpolitik betreiben, wenn diese Instrumente nicht mehr durch die nationalstaatliche Politik, sondern durch die »Zitterprämien« exterritorialer und unerfaßbarer Geld- und Kapitalmärkte bestimmt werden? Ich wiederhole: Wenn Währungsmaßstäbe – und Zins und Wechselkurs solche – zu Preisen gemacht werden, die, wie gesagt, wie die Kartoffelpreise nach Saison oder dem Appetit der Nachfrager wie wild um sich schlagen, dann funktioniert nichts mehr – weder die Marktwirtschaft selbst noch deren auf wirtschaftliche Effizienz zielende Globalsteuerung.

H.: Aber wie kommt es dann in einem solchen »System« oder »Nichtsystem« des weltweiten monetären Laisser-faire zu einer derartigen Kreditexplosion, zu derartigen Schuldenbergen?

K.: Über die Liquiditätspräferenz der Nicht-mehr-Investoren und verunsicherten Sparer: In der geschlossenen Wirtschaft der *General Theory* deutete ich die Liquiditätspräferenz als ein nationales Phänomen. In der Welt von heute, in der die Volkswirtschaften offen geworden sind und nur noch die Weltwirtschaft ein geschlossenes System bildet – denn die Exporte der einen sind die Importe der anderen –, mußte sich auch die Liquiditätspräferenz internationalisieren. Wer sein Geld aus Angst vor dem Investitionsrisiko oder aus Mißtrauen in die Stabilität der eigenen Währung irgendwie und irgendwo sicher anlegen will, kann dies weltweit in fremden Währungen tun, vorzugsweise in US-Dollar. Tatsächlich registrieren wir eine weltweite und übermächtige Liquiditätspräferenz für den US-Dollar. Er scheint – wie unsolide man auch die »US-Reagonomic« einschätzt – vielen immer noch eine vergleichsweise solide und attraktive Geldanlage zu sein.

H.: Mit Abstrichen; denn auch der Dollar hat seine Haussen und Baissen. Mal kostet er 1,70 DM, mal 3,50 DM, dann wieder plus / minus 2,00 DM.

K.: Gerade das paßt ins Bild und bestätigt meine Theorie. Nichts ist so subjektiv und daher so unberechenbar wie die Liquiditätspräferenz – noch dazu für eine so ungeregelte, rein kommerzielle Weltwährung wie den US-Dollar. Diese Währung spiegelt die Summe aller Unsicherheiten in einer unsicher gemachten Welt wider. Unser Weltzentralbankier, die Vereinigten Staaten, druckt nicht nur US-Dollar und läßt ständig neue drucken. Er leiht diese US-Dollar nicht nur aus und läßt sie ausleihen. Unser Weltbankier ist selbst ganz anständig oder unanständig gegenüber seinen Kunden und Anlegern verschuldet. Er ist der größte Gläubiger und Schuldner der Welt in einem. Wenn nun des Weltbankiers Schuldner, die Entwicklungsländer, US-Dollar brauchen, fragen sie diese US-Dollar nach und treiben damit den Kurs der US-Währung in die Höhe. Wenn die Gläubiger der Vereinigten Staaten – die Bundesrepublik, Japan oder die OPEC-Staaten – US-Dollar abgeben, weil in den USA die Zinsen sinken oder man befürchtet, daß eine »Bruchlandung« des Dollars bevorsteht, dann fällt der Kurs der US-Währung, und niemand weiß, bis auf welchen Punkt. Das ist die Situation, die angeblich keiner versteht und kein Weltwirtschaftsgipfel aus der Welt schaffen will. Lieber spricht man über Terrorismus, Atombomben und -kraftwerke.

H.: Die Freigabe der Wechselkurse, die Aufkündigung des wechselkursstabilen Weltwährungssystems von Bretton Woods, brachte das weltweite Kredit- und Schuldenkarussell in Gang: Jedes Land konnte pumpen, wo und soviel es wollte, wenn es nur einen Kreditgeber fand. Diese sich selbst aufschaukelnde Überverschuldung brachte die monetäre Unsicherheit ins Spiel: Zinsen wie Wechselkurse denaturierten risikobedingt zu »Zitterprämien« und verloren so ihren Bezug zu den ihnen zugrundeliegenden Realgrößen (die

Maynard Keynes im Jahr 1930

Zinsen zur Kapitalproduktivität, die Wechselkurse zu den Kaufkraftparitäten). Jetzt – nachdem auch die Gläubiger das Problem erkennen und kürzertreten – wird alles noch schlimmer. Denn nun droht früher oder später der Zusammenbruch der leichtfertig aufgetürmten Kredit- und Schuldenpyramide. Ist das so richtig?

K.: Ja, wenn auch stark verkürzt. Im monetär geeinten Nationalstaat bringen wir die unzähligen realen Güter und Dienste, die er produziert und auf den Märkten austauscht – sagen wir die *n* Güter und Dienste –, dadurch auf einen gemeinsamen Geld- oder Preisnenner, daß der Staat oder seine Zentralbank ein quasi *n* + 1tes Gut, unser Geld – DM, US-Dollar oder was auch immer – ausgibt und verwaltet. Dies geschieht so, daß es möglichst geringe, im Idealfall gar keine monetären Tauschkosten gibt; denn nur ein maßstabsgerechtes und maßstabsneutrales Geld hat Aussicht, von allen Geldverdienern und -benutzern als Transaktions- und Reservegeld akzeptiert zu werden; das Spekulationsmotiv entfällt dann. Dem Staat oder der Zentralbank fällt in diesem System die Aufgabe zu, durch »Eichtreue« bei der Geldgestaltung die jeweils richtige Geldmenge in Umlauf zu bringen, die jeweils richtigen Geldzinsen an den Geldmärkten durchzusetzen, das Geld als Spekulationsfaktor zu neutralisieren. In der monetär ungeeinten Weltwirtschaft stellt sich das gleiche Problem. Nur haben wir es dabei statt mit nur einem nationalen Geld mit den *n* Währungen der *n* Nationen für *n* Güter und Dienste zu tun. Und es steht uns weder ein Weltstaat noch eine Weltzentralbank für die »eichgetreue« Gestaltung der internationalen Geldmenge und der internationalen Geldzinsen zur Verfügung. Daher war es bereits ein Riesenschritt nach vorn, daß sich die über den Weltmarkt vereinten Nationen im Bretton-Woods-Abkommen am Ende des zweiten Weltkriegs darauf verständigten, zwar nicht, wie ich vorschlug, ein gemeinsames überstaatliches Weltgeld und eine es verwaltende Weltzentralbank zu schaffen, wohl aber eine gemeinsame Abrechnungs- oder Wechselkursbezugsbasis aller ihrer *n* Währungen: eine quasi $n+1$te Währung – den US-Dollar. Dadurch war sichergestellt, daß es für alle Währungen eine übersehbare Zahl von Wechselkursen gab, die alle fest kalkulierbar waren: eben in US-Dollar. Durch die Wechselkursfreigabe vom Frühjahr 1973 hat man dagegen eine unübersehbare Zahl von Wechselkursen. Nimmt man 150 Welthandelswährungen, dann könnten sich ohne den US-Dollar als Weltrecheneinheit 11175 Wechselkursrelationen ergeben. Dagegen mußte die Geschäftswelt revoltieren. Sie ließ sich durch den »Nonsensbeschluß« vom Frühjahr 1973 doch nicht ihr internationales Geschäft ruinieren. Sie unterlief ganz einfach den Floatingbeschluß und die Abdankung des US-Dollars als »Währungsmonarchen« der Zentralbanken und behielt den alten Herrscher als »Bürgerwährungskönig« bei. Sämtliche Kredit- und Anlagekontrakte wurden auch nach dem schwarzen Währungsdonnerstag vom März 1973 in US-Dollar abgeschlossen – ganz so, als ob nichts geschehen wäre. Nicht weil die internationalen Konzerne und Banken die Vereinigten Staaten und ihren Dollar liebten. Sie hatten keine Alternative, wollten sie die Übersicht über die Zahl der Wechselkurse behalten, gerade weil diese nun täglich schwankten. Der US-Dollar als private Wechselkursbezugsbasis oder -klausel machte den Weg frei für die weltweite US-Dollar-Liquiditätspräferenz, den Weltgebrauch des US-Dollars als Schulden-, Kredit- und Anlagewährung und für seinen Höhenrausch.

H.: Und damit auch frei für die Pump- und Borgwirtschaft, genannt »Reagonomics«?

K.: Ich weiß nicht, wer die US-Politiker zu diesem größten aller wirtschaftlichen Finanzschwindel inspiriert hat! Vielleicht die Gelegenheit, die Diebe macht. Jedenfalls erlaubt sie den Vereinigten Staaten, ihre Zahlungsbilanz zu vernachlässigen (barmherzig für sie, unbarmherzig für den Rest der Welt) und dafür die größte Entwicklungshilfe zu kassieren, die je einem der reichsten Länder der Erde von den weniger Reichen bis zu den Ärmsten vor die Haustür gekarrt worden ist! Irgendwie, so scheint es, haben die Kapitalisten ihren kalt rechnenden Verstand verloren!

H.: Mr. Keynes, Sie haben erklärt, wie es Ihrer Ansicht nach zur Krise gekommen ist. Wie sollen wir Ihrer Meinung nach aus dieser Krise wieder herauskommen?

K.: Schließen wir zunächst aus, wie es *nicht* geht. Ein »Abhungern« und »Abexportieren« der Fremdwährungsschulden der Länder der Dritten Welt oder gar der USA, die nicht viel besser dastehen als Mexiko oder Brasilien, kann die Krise nicht lösen, sondern nur verschlimmern. Als ich mich 1929 mit Bertil Ohlin über die richtige Finanzierung der deutschen Reparationslasten stritt, waren wir uns einig, daß das Abzahlen von Devisenschulden Exportüberschüsse voraussetzt. Nicht einig waren wir uns, was das für das tilgende Schuldnerland und für die empfangenden Gläubigerländer bedeutet. Ohlin glaubte allen Ernstes, daß alles, was die Deutschen von ihrem Sozialprodukt nicht selbst verbrauchten (also weder konsumierten noch investierten), automatisch exportiert werden könne. Deshalb plädierte er für eine Reparationssteuer. Die Deutschen sollten zwangssparen, den verlorenen Krieg abhungern, statt ihn mit irrsinnigen Auslandsschulden nachzufinanzieren. Aber, das hatte ich bereits beim Abschluß des Versailler Friedens 1919 nachgewiesen: Die Deutschen hätten sich kaputt gespart, und Hitler wäre ohne jede Moderierung der Reparationslasten wahrscheinlich schon 1923 statt erst 1933 zur Macht gekommen. England, Frankreich und die anderen Siegermächte aber bekamen unter dem Druck der deutschen Exportkonkurrenz ihre Unterbeschäftigungskrise bereits in den zwanziger Jahren zu spüren. Ohlin war blind für den Mechanismus des Krisenexports und Krisenimports über die eine, gemeinsame Weltwirtschaft. Dennoch muß ich zugeben, daß Ohlin bereits 1929 – also sieben Jahre vor meiner *General*

Theory – meine spätere Volkseinkommensanalyse, das Herzstück meiner Beschäftigungstheorie, vorwegnahm und entdeckte. Ich halte daher unseren damaligen Streit über die richtige Finanzierung von Auslandsschulden nach wie vor für die wichtigste und folgenreichste Kontroverse der Ökonomie des 20. Jahrhunderts. Trotz meiner damals noch schwächeren theoretischen Position behielt ich politisch 100prozentig recht. Hätte man damals den Deutschen die unsinnigen Reparationslasten und -schulden erlassen, wie ich es vorschlug, was hätten die Sieger und die Gläubiger verloren? Nichts! Statt dessen erlebten wir die große Depression der dreißiger Jahre, die man mit meiner Politik hätte vermeiden können. Hitler, der Faschismus, der zweite Weltkrieg – all das wäre uns erspart geblieben. Wenn die Wirtschaftsgeschichte eine Lehre für uns bereithält, dann diese: Wenn Schulden real nicht mehr einzutreiben sind, dann ist es für alle Beteiligten, für Schuldner wie für Gläubiger, sinnvoller (und ein Gebot der Ökonomie), diese Schulden abzuschreiben, als an der Fiktion ihrer Tilgbarkeit festzuhalten.

H.: Aber ein paar Milliarden Auslandsschulden 1929 und einige Billionen Auslandsschulden 1986 – ist das nicht ein gewaltiger Unterschied? Wer soll, wer kann diese Billionenverluste denn überhaupt noch finanzieren beziehungsweise verkraften?

K.: Genau das habe ich in meinem »Keynes-Plan« von 1944 für die Bretton-Woods-Konferenz, in dem ich aus der Kontroverse mit Ohlin die theoretischen Konsequenzen zog, aufgezeigt. Er besteht aus einer Kombination zwischen richtiger, weltwirtschaftlicher Buchhaltung, vernünftiger, weil solide finanzierter Entwicklungshilfe und einem zusammenbruchsicheren Weltwährungssystem. Offenbar mußte die Welt erst die bittere Erfahrung mit dem »Nonsensexperiment« der freien, marktbestimmten Wechselkurse und die nicht minder bittere Erfahrung mit der daraus resultierenden Weltschuldenkrise machen, um zu begreifen, worum es geht: um die weltweite Entschärfung der »Zeitbombe Geld«.

H.: Können Sie das im einzelnen erläutern?

K.: Die Schlacht um wirtschaftliches Wachstum und Vollbeschäftigung wird zu Hause (in den Nationen) wie weltweit (zwischen den Nationen) immer an der Geld- und Zinsfront gewonnen oder verloren, niemals an der Lohn- und Einkommensfront. Im Jahr 1929, im Streit mit Ohlin, wehrte ich mich gegen das Lohndumping als Mittel zur Erzielung von Exportüberschüssen, weil dadurch die Beschäftigungskrise von einem Land in das andere exportiert werden würde. In der *General Theory* von 1936 wehrte ich mich gegen das Nachfrage- und Realeinkommensdumping (wie es unter anderem Reichskanzler Brüning praktizierte) als Mittel zur Erzielung von Gewinnüberschüssen, weil nie auszuschließen ist, daß dadurch die Erlöse der Unternehmen noch stärker zurückgehen als ihre Lohnkosten. Schließlich ist das Nachfrageaggregat der Lohneinkommen das größte und durchschlagendste in allen Industrieländern: 70 Prozent aller Geldeinkommen werden als Löhne und Gehälter und nicht als Gewinne verdient. Im Keynes-Plan von 1944 wehrte ich mich gegen das aus Deflation und Devaluierung zusammengemixte Anpassungsdumping als Mittel, eine Zahlungsbilanzkrise zu kurieren. Mit anderen Worten, die Konstante in meinen wirtschaftspolitischen Tagesempfehlungen lautet: Warum soll man die Geldlöhne und Geldeinkommen senken, wenn der Effekt dieser Maßnahme unberechenbar und für die Vollbeschäftigung sogar kontraproduktiv ist und bleibt, zumal da andere, effizientere, nämlich geldpolitische Mittel bereitstehen?

H.: Aber gerade dieser Punkt Ihrer »Philosophie« hat Sie mehr als jeder andere in Verruf gebracht! Sogar Ihnen wohlwollende Interpreten argwöhnen, daß Sie Ihre *General Theory*, Ihre *Allgemeine Theorie der Beschäftigung, des Geldes und des Zinses*, auf einer leicht zu durchschauenden »Geldillusion« aufgebaut hätten, auf der Illusion nämlich, daß die von Ihnen in ihrem Geldeinkommens-Besitzstand Geschützten gar nicht bemerkten, daß ihnen real – durch eine wie auch immer finanzierte Inflation oder Beschäftigungssteuer – genau das wieder genommen wird, was Sie ihnen garantiert haben.

K.: Ich halte daran fest: In der Marktwirtschaft sind Geldlohn- und -einkommenssenkungen das sicherste Mittel, die Vollbeschäftigung des verfügbaren Ressourcen-, Produktions- und Angebotspotentials zu gefährden, das mögliche Wirtschaftswachstum und die effektive Beschäftigung zu entkoppeln! Man kann nicht das größte und wirksamste Nachfrageaggregat verringern und auf den guten Geist der Marktwirtschaft hoffen – darauf, daß die so um ihren Absatz und ihre Gewinnmöglichkeiten geprellten Unternehmer trotzdem mehr investieren, trotzdem ein größeres Fremdfinanzierungs- oder Kreditrisiko eingehen. Wer so argumentiert, verwechselt die Gesetze der Einzelfirma mit denen der Volks- und Weltwirtschaft und verfällt dem folgenschwersten aller ökonomischen Mißverständnisse: dem Schluß vom Teil aufs Ganze, dem Trugschluß der Verallgemeinerung. Gewiß, der Einzelunternehmer darf die Dinge so sehen: Er darf sich über zu hohe Löhne und Lohnnebenkosten, zum Beispiel die Sozialversicherungsabgaben zugunsten seiner Arbeitnehmer, beklagen. Es sind ja seine Kosten, die erst einmal verdient werden müssen. Aber der für die Gesamtwirtschaft verantwortliche Politiker muß die Dinge anders sehen. Er muß begreifen, daß die festen Geldlohn- und sonstigen Einkommen der einzige verläßliche Geldausgabeposten in seiner gesamtwirtschaftlichen Buchhaltung sind, das einzige Fallnetz jeder Konjunktur, das nicht reißt.

H.: Aber was geschieht, wenn alle Unternehmer zu dem Ergebnis kommen, daß die Löhne und Sozialabgaben – so wie sie von den Gewerkschaften und vom Staat verlangt werden – beim besten Willen nicht verdient, also auch nicht in den Preisen untergebracht werden können?

K.: Dann wird aus dem einzelwirtschaftlichen der gesamtwirtschaftliche Trugschluß der Verallgemeinerung. Eine Volkswirtschaft, die die Kosten ihres Sozialprodukts zu stark aufbläht (wobei sie für diesen Unfug mehrere Möglichkeiten hat: zu hohe Löhne und sonstige fest vereinbarte Geldeinkommen wie Gehälter, Renten und so weiter, eine zu laxe Geldpolitik oder eine zu weitgehende Monopolisierung ihrer Preise oder alles drei zusammen), stößt früher oder später an die Nachfrage- oder Einkommensbremse ihrer Leistungsbilanz mit der übrigen Welt. Erst eine passive oder defizitäre Leistungsbilanz der Volkswirtschaft ergibt einen objektiven, von »klassenökonomischer« Bewertung freien Indikator, der anzeigt, ob eine Volkswirtschaft über ihren Verhältnissen lebt, zuviel konsumiert, investiert oder nur zu teuer ist. Nur wenn eine solche Situation vorliegt, ist über innere Bremsakte monetärer, fiskalischer oder einkommenspolitischer Art nachzudenken. Sie, in der Bundesrepublik der achtziger Jahre, sind von dieser Grenze, soweit ich sehe, meilenweit entfernt.

Aber – und das war und bleibt das Anliegen meines Keynes-Planes von 1941–43 – man muß zwischen »notwendiger« und »unerwünschter« Anpassung an das Diktat des externen Zahlungsbilanzgleichgewichts unterscheiden. Eine »notwendige« Anpassung liegt immer dann vor, wenn *ein* Land der Weltwirtschaftsfamilie seinen Weltwirtschaftskredit, den Ausgleich seiner Leistungsbilanzdefizite durch Auslandskredite und -hilfen (Kapitalimporte), wegen einer unseriösen Inlandsentwicklung und -politik verspielt. In diesem Fall muß es selber handeln, zum Beispiel die Binnennachfrage restringieren, abwerten und so weiter. Eine »unerwünschte« – und daher auch vermeidbare – Anpassung liegt immer dann vor, wenn das Leistungs- und Zahlungsbilanzdefizit eines Landes oder einer Gruppe von Ländern das Ergebnis, um nicht zu sagen Spiegelbild der rüden und aggressiven Export- und Exportüberschußstrategien anderer Mitglieder der Weltwirtschaftsfamilie und deren »beggar-my-neighbour«-Praktiken ist. Für diesen Fall, der mit der Überindustrialisierung des einen, kleineren Teils der Welt und der Unterindustrialisierung des anderen, größeren Teils der Welt sowohl zunehmen wie immer explosivere Rückwirkungen zeitigen wird, habe ich meinen nationenneutralen Schiedsrichter empfohlen, meine monetäre Super- und Refinanzierungsinstanz …

H.: Ihre Weltzentralbank plus angeschlossenem Weltentwicklungsfonds.

K.: Richtig. Denn beide zusammen sollen den unerwünschten Anpassungsprozeß, die Unterauslastung sowohl des weltwirtschaftlichen als auch des volkswirtschaftlichen Produktionspotentials aus Zahlungsbilanzgründen vermeidbar machen.

H.: Aber Sie kamen damals mit Ihren Vorschlägen doch nicht zum Zuge!

K.: Meine *Proposals* kamen zu früh. Die Lage war damals anders, und deswegen wurde meine Botschaft nicht verstanden. Nur, was ich damals, vor über 40 Jahren, vorschlug, das ist auch heute noch oder wieder hochaktuell. Kommt es zu keiner Begrenzung der Überschüsse, dann kann es auch zu keiner Verkleinerung der Defizite und damit zu keinem Ende der importierten Depression kommen.

H.: Sie wollten eine Clearing-Union, eine unabhängige Weltzentralbank, deren Aktionäre weder national-egoistische Regierungen sein sollten noch profitsüchtige »Kredithaie« des privatkapitalistischen Bankestablishments.

K.: Richtig. Aber zweitens schlug ich vor, die Abrechnung des Welthandels, dieses Nullsummen-Spiels – bei dem sich, wie bei jeder Skatabrechnung, die Minuspunkte der einen mit den Pluspunkten der anderen Spieler ausgleichen –, nicht über anonyme, jeder Kontrolle entzogene Fremdwährungs- und Kreditmärkte vorzunehmen, sondern über Konten laufen zu lassen, in die jeder Einsicht nehmen kann. Jedes Land, ob nun Überschuß- oder Defizitland, würde sofort sehen, wo es steht und wie es steht. Die Bank hätte auch die Möglichkeit einzugreifen, bevor es zu einer weltweiten Überschuldungskrise käme, die von niemandem mehr gesteuert werden kann.

H.: Sie meinen also eine Weltwirtschaftsabrechnung, die nicht mehr in einer beliebigen nationalen Währung, wie dem US-Dollar heute, sondern im eigenen, schwankungs- und spekulationssicheren Geld dieser Weltzentralbank, in Ihrem »bancor« vorgenommen wird, wie Sie diese Weltzentralbank-Geldeinheit genannt haben.

K.: Genau. Ich meine ein Geld, das heute »Sonderziehungsrecht« genannt wird. Es geht aber nicht um Worte, sondern um die Sache. Ein »bancor« oder Sonderziehungsrecht würde weder einem Land gehören (wie der Dollar den Vereinigten Staaten) und könnte infolgedessen auch nicht über die Schulden dieses Landes in den Verkehr gebracht werden, noch könnte es zum Gegenstand der Kreditschöpfung einer internationalen Bankenwelt gemacht werden, die von der Maxime regiert wird, daß man an einem gewährten Kredit mehr verdient als an einem ungewährten.

H.: Aber ist ein solcher Vorschlag heute nicht noch revolutionärer, noch utopischer als vor 40 Jahren?

K.: Ich glaube erstens an die Lernfähigkeit der Menschen und ihrer Institutionen und zweitens an die Fortsetzung der Geschichte. Was ich für die Weltwirtschaft zwischen den Nationen vorschlage, ist in den Volkswirtschaften der Nationen doch längst Bestandteil geordneter Geldverfassungen: Dort gibt es Zentralbanken als Hüterinnen der Währungen und das eine Geld, das niemand ungestraft nachdrucken darf. Dort gibt es auch nationale Sonderfonds für Entwicklungsländer.

H.: Sie glauben, daß man Ihren Plan von 1944 wieder aufgreifen sollte? Aus dem Internationalen Währungsfonds (IWF) sollte Ihre Weltzentralbank werden, aus Ihrem »bancor« ein SZR-Standard, Gläubiger- und Schuldnerländer sollten sich auf vernünftige Regeln des Zahlungsbilanzausgleichs verständigen. Geht das überhaupt noch? Und was würde das bringen?

K.: Ein Weltproblem ist neu und müßte vorrangig beseitigt werden: die Hypothek der Weltüberverschuldung. Sie müßte zuvor abgetragen werden.

H.: Auf Null?

K.: Nein, aber auf für die Schuldenländer bezahlbare Größenordnungen.

H.: Aber wer soll das bezahlen?

K.: Der Aberwitz dieser Weltschuldenhypothek liegt ja gerade darin, daß sie weitgehend bereits abgezahlt worden ist.

H.: Durch die Tilgungen der Entwicklungsländer?

K.: Nein, durch die internen Wertberichtigungen und Kreditabschreibungen in den Büchern der Gläubigerbanken. Natürlich werden sie uns nicht verraten, inwieweit sie diese Schulden abgeschrieben haben. Aber soweit sie es getan haben – und sie haben in den vergangenen Jahren ja gut verdient –, sind diese Kreditausfälle oder Kreditverluste voll finanziert. Dies ging übrigens nicht zu Lasten der Banken selbst: Der Fiskus, der die Absetzung am steuerpflichtigen Gewinn erlaubte, die Investoren, die »hübsche« Überzinsen zahlen mußten, die Sparer, die sich mit einem bescheideneren Zins begnügen mußten – sie alle haben einen Großteil dieser Kredite bereits getilgt. Aber leider schlägt diese interne Tilgung nicht auf die externe durch.

H.: Und Sie meinen, das reicht?

K.: Vermutlich nicht ganz. Vor allem fehlt ein Anreiz, der die Gläubigerbanken motivieren könnte, den internen Schuldenerlaß in einen externen umzuwandeln – mit befreiender Wirkung für die Schuldner.

H.: Was schwebt Ihnen vor?

K.: Etwas sehr Naheliegendes! Würde die staatliche Entwicklungshilfe der westlichen Welt, die immerhin ein Budget von 50 Milliarden US-Dollar aufweist, für eine Anzahl von Jahren den Schuldendienst der Entwicklungsländer übernehmen, anstatt immer neue Projekte in den Sand zu setzen, und verbände sie diese Zahlungen mit einer Eigenbeteiligung der Gläubigerbanken, die ja das Geld aus dem Schuldendienst erhalten, in Höhe von deren internen Kreditabschreibungen, die an die Schuldner weiterzugeben wären, dann wäre das Gespenst der Schuldenkrise gebannt. Die noch nicht getilgten Schuldenkredite wären wieder sicher. Die Gläubigerbanken bräuchten nur auf die nächste an sie fließende Rate der Entwicklungshilfe zu warten. Schlechte Risiken wären in sichere Staatsanleihen ihrer jeweiligen Länder verwandelt worden. Die Zinsen würden fallen.

H.: Und die Vereinigten Staaten? Würde Ihr Modell auch zur Entschuldung der USA anwendbar sein?

K.: Nein, nicht direkt. Wenn aber erst einmal die Schuldenhypothek der Dritten Welt abgetragen wäre, dann wäre auch der Weg für eine Neuordnung der Weltwährungsbeziehungen frei.

H.: Und diese Neuordnung müßte zwangsläufig auch den US-Dollar miteinschließen?

K.: Zwangsläufig. Würden sich die führenden Welthandelsnationen darauf verständigen, das System der Sonderziehungsrechte auszubauen, die SZR statt des US-Dollars zur $n + 1$ ten Weltwährung zu erklären, dann wären die drei Probleme, die den Währungspolitikern heute so unlösbar erscheinen, mit einem Schlage lösbar: die Wechselkurse wären wieder fest und auf Zeit berechenbar, der US-Dollar wäre nicht länger die Fluchtburg aller Weltkapitalflüchtlinge, er wäre eine ganz normale nationale Währung, und die monetären Instrumente der nationalstaatlichen Globalsteuerung (im Sinne des bundesdeutschen Stabilitäts- und Wachstumsgesetzes von 1967) wären wieder frei und stünden voll zur Disposition der nationalen Regierungen und ihrer Zentralbanken. Währungen könnten im Bedarfsfalle bei außenwirtschaftlichen Ungleichgewichten wieder ab- und aufgewertet werden, und kein Land wäre mehr gezwungen – im Defizitfall –, unerhörte Beschäftigungsopfer auf dem Altar seiner Zahlungsbilanz zu bringen beziehungsweise im Überschußfall, wie im Beispiel der Bundesrepublik, aus Angst vor Exporteinbußen eine negative Lohn- und Einkommenspolitik ins Auge zu fassen.

H.: Glauben Sie allen Ernstes, daß die Vereinigten Staaten einer solchen Entmachung ihres Dollars zustimmen würden? Warum sollten sie 1986 akzeptieren, was sie 1944 strikt verweigert haben?

K.: Weil auch sie rechnen gelernt haben! Weil die Rechnung mit den Weltgeldprivilegien auch für die mächtigen Vereinigten Staaten nicht aufgegangen ist. Sie konnten zwar als weltweiter Kapitalsammler über ihre Verhältnisse wirtschaften – aber nur um den Preis der Selbstaufwertung des Dollars, die ihre Binnenwirtschaft ruiniert hat, und um den Preis der Überverschuldung gegenüber dem Ausland, die ihnen auf Dauer nur die Alternative läßt, entweder mit Höchstzinsen eine Investitions- und Beschäftigungskrise anzusteuern oder sich von der Weltwirtschaft abzukoppeln, den US-Dollar zur bewirtschafteten und inflationierten Währung zu erklären. Ich würde Mr. Reagan beziehungsweise seinem wenig beneidenswerten Amtsnachfolger raten, beides zu vermeiden und rechtzeitig den sicheren Hafen der Sonderziehungsrechte anzusteuern, meines »bancor«.

H.: Und die US-Schulden gegenüber den ausländischen Geldanlegern? Sie wären dadurch noch nicht getilgt.

K.: Nicht getilgt, aber umtauschsicher. Dank ihres Gegenwertes in SZR könnten sie jederzeit in jede andere durch SZR gedeckte Währung umgetauscht werden – bei einem Kursrisiko von Null; denn meine Weltzentralbank wäre sehr daran interessiert, ihre SZR nicht durch eine Flucht aus dem US-Dollar zu gefährden. Im übrigen wäre diese Fluchtgefahr nach einer solchen Konsolidierung der US-Währungsschulden nicht mehr akut; darüber hinaus müßte und könnte eine Weltzentralbank den Vereinigten Staaten im Notfall ja Stützungskredite geben, wie das der Internationale Währungsfonds im Falle von Mexiko und Brasilien heute auch tut.

H.: Sie sind und bleiben Optimist!

K.: Was Fortschritt und Verbesserung der zwischenmenschlichen Beziehungen und Systeme angeht – ja! Bezeugen nicht alle noch so unvollkommenen Währungssysteme der Vergangenheit diese Bereitschaft zum Lernen und Bessermachen? Wie lange hat es gedauert, bis die Menschen begriffen haben, daß sie ihr Geld, anders als ihr Brot, nicht freien Bäkkern anvertrauen dürfen? Mehrere Jahrhunderte! Ich weiß nicht, wie lange es dauern wird, bis die Menschen begreifen werden, daß auch das Geschäft der internationalen »Kreditbäckerei« der gleichen Überwachung bedarf. Und ich registriere, daß der Zug in diese Richtung längst abgefahren ist! Was immer wir in den letzten 200 Jahren an internationalen Währungsvereinbarungen oder Währungsstandards hatten, war stets die Antwort auf eine Krise. Napoleon verhalf uns zum Goldstandard, der erste Weltkrieg zum Golddevisenstandard, Hitler und der zweite Weltkrieg zum US-Dollarstandard unserer Tage. Warum soll nicht die Schuldenkrise der Gegenwart den Durchbruch zu einer Weltzentralbank und zu einem überstaatlichen Verrechnungsgeld bringen, allen Dummheiten aller bisherigen Weltwirtschaftsgipfel zum Trotz?

H.: Mr. Keynes, eine Frage zum Abschluß: Verlangt die Durchsetzung Ihrer Lehre eine Ideologie, eine politische Partei oder lediglich ökonomischen Sachverstand?

K.: Sie verlangt die Rahmenbedingungen einer – wenn Sie so wollen – kapitalistischen Geld- und Marktwirtschaft und natürlich die der politischen Demokratie, die die freie Entscheidung des einzelnen respektiert und garantiert. Für mich ist Kapitalismus Demokratie und Marktwirtschaft, aber – und darin unterscheide ich mich von allen alten oder neuen Ideologien – der Kapitalismus darf weder sich noch seinen Mächtigen, noch seinen Kurpfuschern überlassen werden. Obwohl Ökonomie eine zutiefst politische Sache ist, tut dennoch jeder gute Ökonom gut daran, die Parteipolitik zu meiden. Ich habe das, so gut ich konnte, immer so gehalten. Wenn mich heute die nichtmarxistische, demokratische Linke als ihren Ziehvater reklamiert, weil ich es ihr ermöglicht habe, ihren Frieden mit der sozial gesteuerten Marktwirtschaft zu schließen, ehrt das diese Leute mehr als mich. Wenn mich heute die konservative Rechte als Marktwirtschaftsverächter, Sozialstaatsanbeter oder Unternehmerfeind verunglimpft, dann ehrt das mich mehr als diese Leute, denn sie haben weder mich noch ihren Kapitalismus begriffen. Was mich an den heute regierenden Rechten in den westlichen Demokratien allerdings noch mehr stört als ihre Borniertheit, ist ihre doppelte Moral: nicht so sehr, daß sie Idole als Prinzipien ausgeben, sondern daß sie die realen Leiden des größten Teils der Menschheit in und zwischen den Staaten für unvermeidbar, insgeheim vielleicht sogar für berechtigt halten. Damit werde ich mich nie abfinden! Und daher lautet meine Botschaft heute: Der Kapitalismus ist nicht mehr – wie ich noch in meiner *General Theory* glaubte – über die Aufblähung der inneren Staatsschulden flottzumachen, sondern über die Wiederingangsetzung einer expansiven Weltwirtschaft: durch die Entproletarisierung der Dritten Welt. Solange das die heute im demokratischen Westen Regierenden nicht begreifen, bin ich auch kein bißchen »tot«! Es erfüllt mich mit Genugtuung, daß ich als Geist, der stets bejaht, noch immer ihre Kreise störe.

ANHANG

Zeittafel

1883 John Maynard Keynes wird am 5. Juni in Cambridge geboren, als ältester Sohn von John Neville Keynes und dessen Ehefrau Florence Ada Keynes; es folgen im Abstand von je zwei Jahren seine Schwester Margaret, spätere Mrs. Hill, und sein Bruder Geoffrey, der ein bekannter Arzt wird. Keynes senior ist Professor der Moral Sciences am Pembroke College in Cambridge. Seine Bücher *Formal Logic* und *Scope and Method of Political Economy* gehören zu den führenden ihrer Zeit.

1897 Eintritt in das Eton College.

1902 Übertritt in das King's College.

1905 Abschlußexamen in Mathematik.

1905/06 Studium der politischen Ökonomie; Hauptlehrer: A. Marshall und A. C. Pigou.

1906 Eintritt in das Indian Office.

1908 Lecturer in Economics an der Universität Cambridge.

1909 Fellow des King's College in Cambridge.

1911–45 Herausgeber des *Economic Journal* und Sekretär der Economical Society.

1915 Kriegsdienstversetzung in die Treasury.

1919 Abordnung als Chefdelegierter der Treasury zur Versailler Friedenskonferenz. Am 5. Juni Demissionierung und Aufnahme der Arbeit an den *Economic Consequences of the Peace*; Direktor der National Mutual Life Assurance Society in London.

1921	Präsident der Gesellschaft.
1924	Chefmanager des Independent Investment Trust in London.
1925	Heirat mit Lydia Lopokova.
1925–28	Reisen in die UdSSR.
1938	Rückzug aus dem Geschäftsleben.
1940	Wiedereintritt in die Treasury als ehrenamtlicher Chefberater.
1941–46	Britischer Chefunterhändler für die Lend-Lease-Abkommen mit den USA, für die Konferenzen von Bretton Woods und Savannah sowie die Konsolidierung der englischen Kriegsschulden mit und in den USA.
1946	Keynes stirbt am 21. April an den Folgen seines zweiten Herzinfarktes.

Anmerkungen

1 *The Collected Writings of John Maynard Keynes.* Herausgegeben von D. E. Moggridge und Elisabeth Johnson, London/Basingstoke 1971 ff., Bd. 4, S. 65. »In the long run ist ein trügerischer Wegweiser für aktuelle Probleme. In the long run sind wir alle tot. Ökonomen machen es sich zu leicht, verletzen ihre Pflicht, wenn sie uns in stürmischen Zeiten nicht mehr zu erzählen haben, als daß der Ozean wieder ruhig ist, wenn sich der Sturm wieder gelegt hat.«

2 Ebd., Bd. 14, S. 300. Aus Keynes' Besprechung des Buches von J. Tinbergen *Statistical Testing of Business Cycle Theories*, 1938.

3 Ebd., *Essays*, Anm. 3, S. 300, 316.

4 Keynes, *General Theory of Employment, Interest, and Money*, New York 1964, S. 380.

5 Keynes, *Essays in Persuasion*, London 1931, S. 373 (*Collected Writings*, a. a. O., Bd. 9).

6 *Essays on John Maynard Keynes.* Herausgegeben von Milo Keynes, Cambridge 1975, Kap. 12, S. 108.

7 Keynes, *Bin ich ein Liberaler?* Zitiert nach: Mattfeldt, H., *Keynes. Kommentierte Werkauswahl*, Hamburg 1985, S. 87.

8 Als am Ende des zweiten Weltkriegs die Archive des Auswärtigen Amtes von den Siegern ausgewertet wurden, forschten alliierte Research Officers nach Belegen für dieses nie verstummende Gerücht. Fündig wurden sie nicht.

9 Zitiert nach: Lekachman, R., *The Age of Keynes*, New York 1966, S. 56 f. (Robinson, E. A. G.: »John Maynard Keynes«, in: *Keynes' General Theory: Reports of Three Decades.* Herausgegeben von R. Lekachman, New York 1964, S. 33).

10 Robbins, L., *The Great Depression*, London 1934, die klassischste aller klassischen Depressionserklärungen. Robbins war weit mehr als Keynes' Lehrer Pigou oder sein Freund Robertson sein Traumgegner vor Erscheinen der *General Theory*, wie D. E. Moggridge nachgewiesen hat (*Keynes*, Glasgow 1976, S. 25–45). Was sie trennte, war weniger der Streit um die einzuschlagende Politik, als der um die anzuwendende Methode. Wenn Modell und Realität auseinanderfallen, was war dann zu ändern – die Realität oder das Modell? Keynes hatte in seiner *Treatise on Probability* auf die logische Korrekturbedürftigkeit aller wissenschaftlichen Modellkonstruktionen verwiesen. Zwar müs-

sen Annahmen und Schlußfolgerungen logisch verknüpft sein, aber die Annahmen unterliegen unseren Beobachtungen und Bewertungen. Ergo müssen sich bei veränderten Beobachtungen und Bewertungen logischerweise die Modelle ändern. In diesem zentralen Punkt war und blieb Keynes der Sohn seines Vaters (John Neville Keynes), eines Philosophieprofessors, und seines eigenen philosophischen Lehrers G. E. Moore. Politische Ökonomie war und blieb für Keynes eine moralische und keine naturwissenschaftliche Disziplin. Für Robbins waren die abstrakt-definitorischen Einleitungskapitel der *General Theory* geschrieben, und Robbins ließ sich im Gegensatz zu anderen (wie zum Beispiel F. A. v. Hayek) überzeugen. Änderten sich die realen Verhältnisse, müßte auch die ökonomische, dem Menschen dienende Wissenschaft aufhören, eine »Gesellschaft der Erhaltung alter Monumente« zu sein (*Collected Writings*, a. a. O., Bd. 14, S. 259).

11 Keynes, *The German Transfer Problem*; Ohlin, B., *The Transfer Problem – A Discussion*, sowie Keynes, »A Rejoinder«, in: *Economic Journal*, Bd. 39, 1929, S. 1 ff., S. 172 ff., S. 388 ff. (*Collected Writings*, a. a. O., Bd. 27). »Die Geschichte lehrt, daß sich die internationalen Kapitalströme den internationalen Handelsströmen anpassen. Die ersteren sind der sensitive Faktor, die letzteren der insensitive. Nicht umgekehrt! Im Falle der deutschen Reparationen versuchen wir dagegen, die Zahlungen ans Ausland zu fixieren, verhindern aber gleichzeitig die Anpassung der Handelsbilanzen an diese Situation.« Der Rest – so folgerte Keynes zwingend – könne daher nur eine »sinnlose« Deflationskrise sein, mit sich kumulierenden Effekten: erst in den Schuldnerländern und dann, von diesen »exportiert«, in den Gläubigerländern; eine Analyse, die nur das fortsetzte, was er bereits im *Tract on Monetary Reform* (1923) und in den *Economic Consequences of Mr. Churchill* (1925) herausdestilliert hatte.

12 Siehe hierzu Anmerkung 29.

13 Sein Buch *Interregional und International Trade*, Cambridge, MA 1933, die Grundlage moderner Integrationstheorie, brachte Ohlin über 40 Jahre später (1977) den Nobelpreis für Ökonomie ein.

14 K. Wicksell hatte in seinem bahnbrechenden und in deutscher Sprache publizierten Buch *Geldzins und Güterpreise*, Jena 1898 (Neudruck Aalen 1968), das erst nach Erscheinen der *General Theory* in englischer Sprache vorlag, die klassische Neutralitätshypothese des Geldes widerlegt. Schumpeter hatte sie in seiner Entwicklungstheorie von 1911 (s. Anm. 31) aufgegriffen und verfeinert. Keynes hatte sie in der *Treatise on Money* von 1930 neu »entdeckt«, was ihm den Spott G. Myrdals über seine »unfreiwillige Art angelsächsischer Originalität« eintrug.

15 *Collected Writings*, a. a. O., Bd. 6, Kap. 30. Nebenbei: Den Ruhm, den Besteuerungs-, das heißt Umverteilungscharakter der Inflation entdeckt zu haben, teilen sich Keynes und sein Antipode Schumpeter. Letzterer wies bereits in der Erstauflage seiner *Theorie der wirtschaftlichen Entwicklung. Eine Untersuchung über Unternehmergewinn, Kapital, Kredit, Zins und den Konjunkturzyklus*, Leipzig 1912, darauf hin, Keynes eher beiläufig im *Tract on Monetary Reform* (1923; *Collected Writings*, a. a. O., Bd. 4, S. 36). »Inflation also ist ungerecht, Deflation

dagegen sinnlos. Lassen wir einmal Hyperinflationen wie die in Deutschland außer Betracht, dann ist von beiden Übeln das der Deflation das schlimmere. Denn die Deflation läßt die Welt verarmen, provoziert Arbeitslosigkeit, was noch ärger ist, als die Rentner zu enttäuschen. Aber es ist nicht notwendig, die Nachteile beider Teufel gegeneinander abzuwägen. Es ist einfacher, darin übereinzustimmen, daß man beide Teufel vermeidet. Der individualistische Kapitalismus unserer Tage bedarf genau deswegen, weil er das Sparen dem individuellen Investor, die Produktion dem individuellen Arbeitgeber anvertraut, eines stabilen Maßstabes. Ohne diesen kann er kaum effizient sein, ja vielleicht sogar noch nicht einmal überleben.«

16 Am »Keynes-Effekt« scheiden und verwirren sich noch immer die Geister. Keynes hatte den Deflationsprozeß schon frühzeitig als einen Verlust von Produktions- und Beschäftigungsmöglichkeiten definiert und war damit über Wicksell hinausgegangen (s. Anm. 14). Im Wicksellschen Prozeß »nach unten« entstehen lediglich Preis- und Gewinn-, aber keine Beschäftigungsverluste. Keynes' Lehrer Pigou hatte, um die klassische Neutralitätshypothese des Geldes wenigstens »in the long run« zu retten, den Deflationsprozeß neu gedeutet: Bei fallenden Preisen steige der Realwert von Kassenhaltung (Liquidität) und Finanzanlagen. Die daraus resultierende »Über«-Kasse und »Über«-Anlage in Finanztiteln werde mit der Zeit die Konsumausgaben wieder steigern, Konjunktur und Vollbeschäftigung restaurieren »Pigou-Effekt«). Keynes hatte in der *General Theory* nicht ausgeschlossen, daß fallende Preise einerseits den Realwert der Geldlöhne – die Reallöhne also – erhöhten, andererseits möglicherweise die Geldzinsen überproportional zu den Preisen herunterdrückten. Ersteres sah er als beschäftigungsfeindlich, letzteres als beschäftigungsfreundlich an. Was aber würde überwiegen: die Verteuerung der Arbeits- oder die Verbilligung der Finanzierungskosten? Es war nicht vorauszusehen. Unseres Erachtens kann dieser erst ex post erkennbare Deflationseffekt nicht als »Keynes-Effekt« verstanden und interpretiert werden – zumal er überwiegend von Anti-Keynesianern reklamiert wird (siehe hierzu: Leijonhufvud, A., *Über Keynes und den Keynesianismus*, Köln 1973, S. 238ff.). Demgegenüber steht der eigentliche, wirtschaftspolitische »Keynes-Effekt« in der der Geldwirtschaft »inhärenten Instabilität« (W. Eucken), den wir im folgenden begründen.

17 Kahn, R. F., *Selected Essays on Employment and Growth*, Cambridge 1973. Diese Lebens- oder Zwischenbilanz des Kahnschen Œuvre enthält auch seinen berühmten Multiplikator-Artikel aus dem Jahre 1931. Keynes machte die Kahnsche Entdeckung zu einem Grundpfeiler seiner *General Theory* von 1936, in der er logisch – nicht empirisch – begründete, a) weshalb es immer einen Multiplikator zwischen Zusatzeinkommen oder -ausgaben und Zusatzproduktion oder -beschäftigung geben müsse und b) weshalb dieser Multiplikator in aller Regel zwischen 2 und 3 zu liegen komme: wegen der degressiven Zunahme des privaten Konsums, der einen Teil seiner Wirkung an die private Geldersparnis, einen weiteren Teil an die direkte und indirekte Zunahme der staatlichen Steuermehreinnahmen und einen weiteren an das Ausland, durch

die Zunahme der Importe, verliere; denn ohne diese »Sickerverluste« wäre er unendlich.

18 Siehe Anmerkung 15.

19 Moggridge, a.a.O., S. 77.

20 Ein höchst verwirrender Frontverlauf. Monetaristen Friedmanscher Observanz glauben an eine quasi »naturwissenschaftliche Gleichförmigkeit« zwischen den Veränderungen des Geldbestandes und denen der Preise – zwar nicht in dem physikalischen Sinne, daß die Geldumlaufgeschwindigkeit eine »natürliche Konstante« (M. Friedman) darstelle, wohl aber in dem Sinne, daß sie über den »Pigou-Effekt« (s. Anm. 16) immer wieder in Richtung eines Normalbestandes korrigiert werde (siehe Friedman, M., »The Quantity Theory of Money: A Restatement«, in: *Studies in The Quantity Theory of Money*. Herausgegeben von M. Friedman, Chicago 1956, S. 21). Joan Robinson, Keynes' streitbarste Schülerin, hält dem entgegen, daß Keynes »eigentlich« bei seiner Lesart der Quantitätstheorie des Geldes eine monopolistische Konkurrenzökonomie unterstellt habe: Veränderungen der Geldmenge würden nicht nur Mengen-, sondern auch Preiseffekte auslösen; bei gegebenem »degree of monopoly« könne mehr Geld statt der erhofften Beschäftigungszunahme eine Preisinflation, weniger Geld statt der erhofften Realkonstanz der Nachfrage einen Rückgang von Geld- oder effektiver Nachfrage und Beschäftigung bewirken, weil die monopolistischen Anbieter nicht ihre Preise, sondern ihre Beschäftigung reduzierten. Nur in einem solchen Milieu ergebe es Sinn, die »Unsicherheit« in den Mittelpunkt der makroökonomischen Analyse zu rücken, wie Keynes es tat. Denn: Die klassische Theorie des vollkommenen Wettbewerbs »läßt keinen Raum dafür, Entscheidungen in einer Situation der Ungewißheit über die Zukunft zu treffen. Die Essenz der Keynesschen Revolution war, die Analyse in eine historische Zeit zu stellen und den alles durchdringenden Einfluß der Unsicherheit ausdrücklich zu betonen« (Robinson, J. / Eatwell J., *Einführung in die Volkswirtschaftslehre*, München 1974, S. 274). Und an anderer Stelle: »Nur in einer Welt, die stets im Gleichgewicht ist, heben sich die Unterschiede zwischen der Zukunft und der Vergangenheit auf, gibt es weder Geschichte noch einen Bedarf für Keynes.« (Robinson, J., »What has become the Keynesian Revolution?«, in: *Essays on John Maynard Keynes*. Herausgegeben von Milo Keynes, Cambridge 1975, Kap. 13, S. 128.) Geld – so notiert sie – ist verbunden mit Unsicherheit, ebenso ist es, wegen der unberechenbaren Zukunft, die Investitionsentscheidung. Keynes, so interpretieren ihn viele seiner Schüler (die J. Robinson verächtlich als »Bastard-Keynesianer« abtut), solle geglaubt haben, diese Ungereimtheiten der kapitalistischen Welt mit bloßen Tricks der Geld-, Kredit- und Fiskalpolitik aus der Welt schaffen zu können. Daraus konnte nur eines entstehen – eine neue Orthodoxie, die allen Angriffen und Mißdeutungen ausgesetzt war. »Es ist der Fehler eines ökonomischen Systems, das seiner eigenen Entwicklung im Wege steht [...] Es wäre besser gewesen, wenn man Keynes' Theorie der Preise früher verstanden hätte.« (Ebd., S. 129.) Und der Beweis? Schrieb Keynes nicht selbst in seiner *General Theory*: »Nichts spricht

dafür, daß sich eine sensible Gesellschaft auf Dauer damit abfinden wird, von so zufälligen und oftmals so unökonomischen Linderungsmitteln abhängig zu bleiben, wenn sie erst einmal verstanden hat, von welchen Einflußfaktoren ihre effektive Nachfrage wirklich abhängt.« (Ebd., S. 220.)

21 Vergleiche hierzu: Hankel, W., *Währungspolitik, Geldwertstabilisierung, Währungsintegration und Sparerschutz*, Stuttgart [2]1972, S. 138.

22 Vergleiche hierzu: Triffin, R., *Europe and the Money Muddle. From Bilaterism to Near-Convertibility, 1947–1950*, New Haven/London 1957; ders., *Gold and the Dollar Crisis*, New Haven 1960; ders., »Die Währungsordnung des XX. Jahrhunderts«, in: *Inflation und Weltwährungsordnung*. Herausgegeben von A. Hunold, Stuttgart 1963.

23 Siehe hierzu Anmerkungen 29 und 33.

24 Auf die Geltung des sogenannten Walras-Cournot-Theorems im internationalen Währungstausch, bei der Wechselkursbildung sowie der Herausbildung sogenannter Seigniorageренten und -privilegien wies erstmals R. A. Mundell hin. (Siehe: *Monetary Problems of the International Economy*. Herausgegeben von R. A. Mundell und K. A. Svoboda, Chicago/London 1969. Ferner: Hicks, J. R., *Critical Essays in Monetary Theory*, Oxford 1967, sowie Hankel, W., »Die außenwirtschaftliche Absicherung der Globalsteuerung, eine Amfortaswunde?«, in: *Die Zukunft der Globalsteuerung. Karl Schiller zum 75. Geburtstag gewidmet.*) Herausgegeben von H. Körner und C. Uhlig, Bern/Stuttgart 1986, S. 229ff.)

25 *Collected Writings*, a. a. O., Bd. 24, S. 19.

26 Das Kreislaufdenken und -neuberechnen war schon immer eine explosive Materie. Kopernikus' Neuberechnung der Planetenbahnen (*De Revolutionibus orbium coelesticum libri VI*, Nürnberg 1543) entthronte die Kirche, befreite das naturwissenschaftliche Denken. W. Harveys Entdeckung des menschlichen Blutkreislaufs (1616) inspirierte den Arzt F. Quesnay (Hausarzt der Marquise Pompadour) zu seinem ökonomischen Kreislaufschema über Entstehung und Verteilung des agrarischen »produit net« und seiner Klassifizierung der Sozialpartner in die produktive (oder erzeugende), die besitzende (oder aneignende) und die sterile (oder verteilende) Klasse. Der Physiokrat Quesnay und seine Schule rüttelten nicht nur an den bestehenden Strukturen; die Physiokratie führte das ökonomische Kreislaufdenken in die Wirtschaftstheorie und -politik ein und vermittelte ein erstes, wenn auch noch primitives Bild jener »Makroökonomie«, die Keynes perfektionierte. (Siehe hierzu: Zimmerman, L. J., *Geschichte der theoretischen Volkswirtschaftslehre*, Köln 1952/1967, S. 37.)

27 Siehe hierzu die Beiträge von H. Körner, H. J. Krupp und J. Kromphardt in: *Die Zukunft der Globalsteuerung, a. a. O.*, S. 7ff., 17ff., 75ff.

28 Siehe hierzu: Samuelson, P. A., *Economics, An Introductory Analysis*, New York 1948 (11. Auflage liegt vor), Teil I (bzw. Bd. 1 der deutschen Ausgabe, Köln 1964–72), und: Meade, J., »The Keynesian Revolution«, in: *Essays on John Maynard Keynes*. Herausgegeben von Milo Keynes, a. a. O., Kap. 10.

29 Siehe hierzu: Hankel, W., »Die außenwirtschaftliche Absicherung der Glo-

balsteuerung, eine Amfortaswunde?«, in: *Die Zukunft der Globalsteuerung*, a. a. O., S. 229ff.

30 *Collected Writings*, a. a. O., Bd. 13, S. 269.

31 Siehe hierzu: Hankel, W., *Gegenkurs. Von der Schuldenkrise zur Vollbeschäftigung*, Berlin 1984.

32 Siehe hierzu: Riese, H., *Theorie der Inflation*, Tübingen 1986.

33 Keynes, *Post-War Currency Policy*. Diese Urfassung der *Proposals* wurde von D. E. Moggridge wiederentdeckt. Ihr Wortlaut ist weitgehend enthalten in des Verfassers *Weltwirtschaft. Vom Wohlstand der Nationen heute*, Düsseldorf/Wien 1977, S. 141ff.

34 Fortsetzung des Zitats, ebd., S. 329. Das Zitat klärt auch den Streit um Keynes' definitive Haltung in der Wechselkursfrage. Solange er »monetarer Nationalist« war, brauchte er zwecks außenwirtschaftlicher Absicherung flexible Wechselkurse. Als er »internationaler Monetarist« wurde, konnte er nur für feste (freilich im Bedarfsfall abänderbare) Wechselkurse eintreten, weil jede andere Option den Durchgriff der Weltzentralbank auf ihre refinanzierungsabhängigen Unterstufen – die nationalen Zentralbanken – wiederaufgehoben hätte. Der Wechselkurs ist nicht mehr Preis der Handels- und Speicherware Geld, sondern metrisches Währungsscharnier, das freilich bei Bedarf (und in Abstimmung mit den Weltgeldbehörden) verstellt werden kann.

35 *Essays on John Maynard Keynes*. Herausgegeben von Milo Keynes, a. a. O., S. 288.

36 Wer sich für das eine Geld in der einen römischen Welt interessiert, sei auf des Verfassers *Caesar. Goldene Zeiten führt ich ein*, München 1978, verwiesen (demnächst in neuer, verbesserter Auflage).

37 Die Übereinstimmung zwischen Keynes und Eucken könnte nicht größer sein. Man vergleiche beider Geldbücher aus den zwanziger Jahren – Keynes' *Tract on Monetary Reform* von 1923 und Euckens *Kritische Betrachtungen zum deutschen Geldproblem*, Jena 1923, sowie Euckens *Grundsätze der Wirtschaftspolitik* von 1952 (postum) – mit den Hauptaussagen der *General Theory* von 1936 über Unsicherheit und unternehmerische Plandaten aus den Kapiteln 12 und 15.

38 Keynes, Milo, a. a. O., S. 24f.

39 Keynes, *Economic Consequences of the Peace*, London 1924, S. 29, 26.

40 Ebd., S. 34f., 37f.

41 Keynes, *Essays in Biography*, London 1933, zitiert nach: Keynes, Milo, a. a. O., S. 257.

42 Keynes, *General Theory*, a. a. O., S. 159.

43 Camus, A., »Heimkehr nach Tipasa«, zitiert aus: *Mittelmeer-Essays*, Zürich 1984, S. 42.

Auswahlbibliographie

Werke von John Maynard Keynes

Keynes' Gesamtwerk liegt inzwischen vor in: *The Collected Writings of John Maynard Keynes*. Herausgegeben von D. E. Moggridge und Elisabeth Johnson, London/Basingstoke: Macmillan/St. Martins Press 1971ff. Für diese Gesamtausgabe der Royal Economic Society waren ursprünglich 24 Bände geplant, inzwischen (Ende 1985) ist sie auf 29 Bände angewachsen. Sie enthält Keynes' schriftliches Gesamtwerk – Bücher, Essays, Artikel, Reden sowie Notizen und Briefwechsel mit Fachgenossen und Politikern –, ein einzigartiges Dokument gelebten und reflektierten Denkens.

Indian Currency and Finance, London: Macmillan 1913.

The Economic Consequences of the Peace, London: Macmillan 1920.

Die wirtschaftlichen Folgen des Friedensvertrages. Übersetzt von M. J. Bonn und C. Brinkmann, München 1920.

A Treatise on Probability, London: Macmillan 1921.

A Revision of the Treaty, London: Macmillan 1922.

Revision des Friedensvertrages. Übersetzt von Fritz Ransohoff, München/Leipzig 1922.

A Tract on Monetary Reform, London: Macmillan 1924.

Ein Traktat über Währungsreform. Übersetzt von Ernst Kocherthaler, München 1924.

The Economic Consequences of Mr. Churchill, London: L. und V. Woolf 1925.

A Treatise on Money, London: Macmillan 1930–33.

Vom Gelde. Übersetzt von Carl Krämer, München 1932.

Essays in Persuasion, London: Macmillan 1931.

Essays in Biography, London: Macmillan 1933.

The General Theory of Employment, Interest, and Money, New York: Harcourt, Brace and Company 1935.

Allgemeine Theorie der Beschäftigung, des Zinses und des Geldes. Übersetzt von Fritz Waeger, München 1936.

How to Pay for the War, London: Macmillan 1940.

Proposals for an International Clearing Union, o. O. 1941–43.

Two Memoirs, London: Rupert Hart-Davis 1949.

Werke über John Maynard Keynes

Bombach, G. und H.-J. Ramser (Hrsg.), *Der Keynesianismus*. Berlin/Heidelberg/New York 1976ff. Bisher erschienen:

1. Theorie und Praxis Keynesianischer Wirtschaftspolitik, 1976.
2. Die beschäftigungspolitische Diskussion von Keynes in Deutschland, Dokumente und Kommentare, 1976.
3. Die geld- und beschäftigungstheoretische Diskussion in Deutschland zur Zeit von Keynes, Dokumente und Analysen, 1980.
4. Die beschäftigungspolitische Diskussion in der Wachstumsepoche der BRD, Dokumente und Analysen, 1983.
5. Makroökonomik nach Keynes, 1984.

Gerfin, H., »Erwartungsbildung und Wirtschaftspolitik. Neuere theoretische Entwicklungen und empirische Befunde. Ein Überblick«, in: *Wirtschaftspolitik und wirtschaftliche Entwicklung. Festschrift für Walter Hesselbach*. Herausgegeben von J. Langkau und C. Köhler, Bonn 1985.

Hession, C. H., *John Maynard Keynes. A Personal Biography of the Man Who Revolutionized Capitalism and the Way We Live*, New York 1984 (auszugsweise in *Wirtschaftswoche* Nr. 51, 1985)

Körner, H. und C. Uhlig (Hrsg.). *Karl Schiller zum 75. Geburtstag gewidmet*, Bern/Stuttgart 1986.

Leijonhufvud, A., *Über Keynes und den Keynesianismus. Eine Studie zur monetären Theorie*. Herausgegeben und mit einem Vorwort von G. Gäfgen, nach der amerikanischen Ausgabe von B. Propach und K. Reding, Köln 1973.

Lekachman, R., *The Age of Keynes*, New York 1966.

Mattfeldt, H., *Keynes. Kommentierte Werkauswahl*, Hamburg 1985.

Moggridge, D. E., *Keynes*, Glasgow 1976.

Patinkin, D., »Keynes und die gegenwärtige Lage der Wirtschaftswissenschaften«, in: *Wirtschaftspolitik und wirtschaftliche Entwicklung. Festschrift für Walter Hesselbach*. Herausgegeben von J. Langkau und C. Köhler, Bonn 1985.

Riese, H., *Theorie der Inflation*, Tübingen 1986.

Stewart, M., *Keynes and after*, London 1967–72.

Tobin, J., *Essays in Economics*, New York 1976 (Bd. 1) / New York 1975 (Bd. 2) / Cambridge, MA 1982 (Bd. 3).

Personenregister

Auden, Wystan Hugh (1907–1973) 105
Augustus (eigtl. Gajus Octavius; 63 v. Chr.–14 n. Chr.), römischer Kaiser 99

Balfour, Arthur James, Earl of (1848–1930) 111
Bell, Clive (1881–1964) 105
Bell, Vanessa (geb. Stephen; 1879–1961) 105
Beveridge, William Henry, 1. Baron (1879–1963) 39
Bismarck, Otto Fürst von B.-Schönhausen (1815–1898) 109f.
Braque, Georges (1882–1963) 98
Brüning, Heinrich (1885–1970) 124, 139

Camus, Albert (1913–1960) 115
Cézanne, Paul (1839–1906) 98
Chamberlin, Edward Hastings (1899–1967) 62
Churchill, Sir Winston (1874–1965) 96
Clemenceau, Georges Benjamin (1841–1929) 110f.
Crawford and Balcarres → Lindsay

Delacroix, Eugène (1798–1863) 98
Derain, André (1880–1954) 98
Diaghilew, Sergei (eigtl. S. Pawlowitsch Djagilew; 1872–1929) 98

Einstein, Albert (1879–1955) 9, 16, 23, 26
Eliot, Thomas Stearns (1888–1965) 105
Elisabeth I. (1533–1603), Königin von England (seit 1558) 90
Engel, Ernst (1821–1896) 54
Erhard, Ludwig (1897–1977) 100
Eucken, Walter (1891–1950) 58, 100, 114, 157, 160

Fisher, Irving (1867–1947) 60
Forster, Edward Morgan (1879–1970) 105
Friedman, Milton (* 1912) 61, 63f., 87
Frisch, Max (* 1911) 117

Garnett, David (1892–1981) 98, 105
Gaulle, Charles de (1890–1970) 66
Grant, Duncan James (1885–1978) 102, 105

Harvey, William (1578–1657) 159
Hawtrey, Sir Ralph George (1879–1975) 45
Hayek, Friedrich August von (* 1899) 66, 156
Heisenberg, Werner (1901–1976) 26
Hill, Margaret → Keynes, Margaret
Hitler, Adolf (1889–1945) 138, 148
Hume, David (1711–1776) 91
Huxley, Aldous (1894–1963) 27f., 36, 105

Johnson, Harry Gordon (1923–1977) 30

Kahn, Richard Ferdinand (* 1905) 53f., 56, 157
Keynes, Florence Ada (geb. Brown; 1861–1958) 101, 153
Keynes, Sir Geoffrey Langdon (1887–1982) 153
Keynes, John Neville (1852–1949) 101, 153, 156
Keynes, Lydia → Lopokova, Lydia
Keynes, Margaret (verh. Hill; * 1885) 153
Klotz 108
König, Heinz (* 1927) 10
Kopernikus, Nikolaus (eigtl. N. Koppernigk; 1473–1543) 16, 77

Lawrence, David Herbert (1885–1930) 105
Lenin, Wladimir Iljitsch (eigtl. W. I. Uljanow; 1870–1924) 81, 83
Lindsay, 27. Earl of Crawford und 10. Earl of Balcarres, David Alexander Edward (1871–1940) 109
Lloyd George, 1. Earl of Dwyfor, David (1863–1945) 109f., 112f.
Locke, John (1632–1704) 91
Lopokova, Lydia (eigtl. Lidija Wassiljewna Lopuchowa, verh. Keynes; 1891–1981) 28, 98, 103, 106, 154
Low, Sir David (1891–1963) 119

Marshall, Alfred (1842–1924) 153
Marx, Karl (1818–1883) 9, 12f., 17, 27f., 35, 77, 101
Matisse, Henri (1869–1954) 98
Mill, John Stuard (1806–1873) 34
Mises, Ludwig Edler von (1881–1973) 38
Moggridge, Donald Edward (* 1943) 61, 155, 160
Molière (eigtl. Jean-Baptiste Poquelin; 1622–1673) 110
Moore, George Edward (1873–1958) 36, 102, 156
Mundell, Robert Alexander (* 1932) 159
Myrdal, Gunnar (* 1898) 156

Napoleon I. (Napoléon Bonaparte, eigtl. Napoleone Buonaparte; 1769–1821), Kaiser der Franzosen (1804–1814/15) 148
Newton, Sir Isaac (1643–1727) 23

Ohlin, Bertil (1899–1979) 41–43, 45, 137–139, 156

Perikles (um 500–429) 110
Picasso, Pablo (eigtl. P. Ruiz y P.; 1881–1973) 98
Pigou, Arthur Cecil (1877–1959) 23, 50, 153, 155, 157
Pompadour, Jeanne Antoinette Poisson, Dame Le Normant d'Étoiles, Marquise de (1721–1764) 159

Quesnay, François (1694–1774) 77, 159

Reagan, Ronald Wilson (* 1911) 33, 147
Renoir, Auguste (1841–1919) 98
Ricardo, David (1772–1823) 91
Robbins, Lionel Charles Baron (1898–1984) 40, 96, 155f.
Robertson, Dennis Holme (1890–1963) 45, 155
Robinson, Edward Austin Gossage (* 1897) 35
Robinson, Joan Violet (geb. Maurice; 1903–1983) 62, 82, 158
Russell, Bertrand, 3. Earl (1872–1970) 25, 36, 105
Samuelson, Paul Anthony (* 1915) 23, 34
Say, Jean Baptiste (1767–1832) 78
Schacht, Hjalmar (1877–1970) 124

Schiller, Friedrich von (1759–1805) 102
Schiller, Karl (* 1911) 11, 27, 33, 78, 81, 101
Schmidt, Helmut (* 1918) 95, 120
Schumpeter, Joseph Alois (1883–1950) 101, 126f., 156
Seurat, Georges (1859–1891) 98
Shaw, Georges Bernard (1856–1950) 36, 77, 105–107
Sickert, Walter Richard (1860–1942) 98
Smith, Adam (1723–1790) 12f., 35, 59, 78
Sokrates (um 470–399) 29
Stadermann, H. J. 88
Strachey, Lytton (1880–1932) 105

Thatcher, Margaret Hilda (geb. Roberts; * 1925) 30
Tobin, James (* 1918) 125
Triffin, Robert (* 1911) 73
Trotzki, Leo (Lew Dawidowitsch Trotzki, eigtl. Leib Bronschtein; 1879–1940) 108f.

Viktoria (1819–1901), Königin von Großbritannien und Irland (seit 1837) 90

Wells, Herbert George (1866–1946) 36
White, Harry Dexter (1892–1948) 70, 72
Whitehead, Alfred North (1861–1947) 105
Wicksell, Knut (1851–1926) 44, 156f.
Wilde, Oscar (1854–1900) 105
Wilson, Woodrow (1856–1924) 109–111
Wittgenstein, Ludwig (1889–1951) 105
Woolf, Leonard (1880–1969) 105
Woolf, Virginia (geb. Stephen; 1882–1941) 105f.

Bildnachweis

1 Foto Ullstein Bilderdienst
3 Fotos Bilderdienst Süddeutscher Verlag
1 Karikatur von David Low aus dem »New Statesman«
1 Foto aus Cambridge Evening News
1 Foto aus »Essays on John Maynard Keynes« herausgegeben von Milo Keynes

Piper Porträt

Heinz Abosch
Jean Jaurès

Die vergebliche Hoffnung
1986. 173 Seiten mit 12 Abbildungen.
Serie Piper 5209

Jean Jaurès gehörte zu den großen Gestalten der europäischen Politik vor dem Ersten Weltkrieg.
Als Journalist (er gründete 1904 »L'Humanité«) und Politiker trat er für einen Zusammenschluß der französischen Sozialisten ein, stritt für den Hauptmann Dreyfus und warb – als überzeugter Internationalist und Pazifist – für eine Annäherung zwischen Deutschland und Frankreich. Am Vorabend des Ersten Weltkriegs wurde er von einem Fanatiker erschossen.
Heinz Abosch, namhafter Kenner der politischen Geistesgeschichte, beschreibt in diesem glänzend geschriebenen Porträt dieses für Europa so wichtige Leben, das die – vergebliche Hoffnung auf eine friedlichere Zukunft repräsentierte.

Piper Porträt

Jürg Amann
Robert Walser

Auf der Suche nach einem verlorenen Sohn
1985. 79 Seiten mit 13 Abbildungen. Serie Piper 5212

Dieses Essay handelt davon, wie sich ein Sohn von der Mutter zuwenig geliebt fühlt und deshalb, um nicht verloren zu gehen, anstelle des natürlichen einen künstlichen, künstlerischen Weg sucht, um sich der Liebe der Welt zu versichern. In seinem ersten Schreibversuch schon bringt er dies kindliche Grundmuster in gültige Form, ihm wird er sein ganzes Leben lang hartnäckig nachspüren. Schreiben als letztlich tragischer, weil natürlich untauglicher Umweg zu den Menschen, als der verborgene Ort, an dem einer gefunden werden möchte, das ist das Thema dieses Porträts.
Die Zeittafel am Ende des Buches setzt das literarische Porträt in den Rahmen der faktischen Chronologie. Die Bilder geben dem exemplarischen Fall sein individuelles Gesicht.

Anton Austermann
Kurt Tucholsky

Der Journalist und sein Publikum
1985. 202 Seiten mit 14 Abbildungen. Serie Piper 5214

Vor 50 Jahren, am 21. 12. 1935, wählte Kurt Tucholsky im schwedischen Exil angesichts der deutschen Hitler-Begeisterung den Freitod.
Den Humoristen und Feuilletonisten, später auch den politischen Satiriker und Kritiker der Weimarer Zeit haben die Lesergenerationen nach 1945 geradezu verschlungen. Unentdeckt blieb der Journalist Tucholsky, der in einer Fülle von Essays über seinen schreibenden Beruf und dessen Lesepublikum nachdachte.
Austermanns Buch rekonstruiert die in Tucholskys Gesamtwerk gleichsam versteckte, kritische Phänomenologie des Journalismus und seines Publikums und interpretiert sie als farbige Theorie gesellschaftlicher Kommunikations- und Lernprozesse.

Piper Porträt

Hans-Georg Beck
Kaiserin Theodora und Prokop

Der Historiker und sein Opfer
1986. 166 Seiten mit 5 Abbildungen.
Serie Piper 5221

Machtgierig und grausam, sinnlich und despotisch soll sie gewesen sein und unheilvollen Einfluß auf die Politik des Byzantinischen Reiches ausgeübt haben. Sagt Prokop, der bedeutendste Geschichtsschreiber der Epoche über die byzantinische Kaiserin Theodora (von 500 bis 548).
Hans-Georg Beck befragt seinerseits kritisch Prokop: Welche Interessen hatte er, das Bild der Kaiserin in grellsten, skandalösesten Farben zu malen? Die Antwort gibt der Autor in einer blendenden, historisch-philologischen Analyse, die das gesellschaftliche Umfeld des Historikers und seines Opfers überzeugend miteinbezieht.

Herbert von Borch
John F. Kennedy

Amerikas unerfüllte Hoffnung
1986. 169 Seiten mit 8 Abbildungen.
Serie Piper 5203

John F. Kennedy ist schon zu seinen Lebzeiten zur Legende geworden. Kein amerikanischer Präsident hat so sehr den Begriff des Charismas auf sich gezogen, niemand nach ihm hat seinen Entwurf einer »neuen Gesellschaft« aufzunehmen gewagt. Im nachhinein erscheint daher Kennedy als Symbolfigur eines anderen Amerika, das nicht auf Konfrontation, vielmehr auf Ausgleich setzte.

Piper Porträt

Friedrich Georg Friedmann
Hannah Arendt

Eine deutsche Jüdin im Zeitalter des Totalitarismus
1985. 160 Seiten mit 12 Abbildungen. Serie Piper 5201

»Das deutschsprachige Judentum und seine Geschichte ist ein durchaus einzigartiges Phänomen, das auch im Bereich der sonstigen jüdischen Assimilationsgeschichte nicht seinesgleichen hat«, schrieb Hannah Arendt. Sie selbst ist Repräsentantin dieser Symbiose wie Analytikerin ihrer Geschichte von der Zeit Rahel Varnhagens bis zum Terror des nationalsozialistischen Regimes. F. G. Friedmann, in Deutschland geborener Jude, porträtierte eine faszinierende Persönlichkeit. Arendts Auseinandersetzung mit dem Juden als Paria sowie Friedmanns eigene, auf die Gegenwart bezogene, stehen im Zentrum des Porträts dieser bedeutenden Denkerin, deren Todestag sich am 4. 12. 1985 zum 10. Mal jährte.

Tilman Jens
Mark Twain

Heimkehr zum Mississippi
1985. 96 Seiten mit 12 Abbildungen. Serie Piper 5223

Mit »Tom Sawyers Abenteuern« hat der Journalist Mark Twain den endgültigen Durchbruch auch als Schriftsteller geschafft. Seine Leser warten auf Fortsetzung. Er beginnt mit dem »Huckleberry Finn«. Doch auf einmal kommt der Text zum Stocken: »Meine Vorratskammer war leer. Das gespeicherte Material war erschöpft, die Geschichte aber konnte nicht aus dem Nichts geboren werden.« So macht er sich 1883 noch einmal auf und kehrt für gut einen Monat heim auf den Mississippi. Auf dem Strom, mit dem fast alle der Twainschen Bücher untrennbar verbunden sind, wird die verblaßte Erinnerung wieder lebendig, der Lotse kann wieder erzählen. Diese schöpferische Krise stellt Tilman Jens in den Mittelpunkt seines Mark-Twain-Porträts – sie ist ihm Schlüssel zum Verständnis des großen amerikanischen Autors.

Piper Porträt

Leszek Kolakowski
Henri Bergson

Ein Dichterphilosoph
Autorisierte Übersetzung aus dem Englischen. Manuskript von Ursula Ludz. 1985. 138 Seiten mit 9 Abbildungen. Serie Piper 5204

Obwohl die wichtigsten Schriften des französischen Philosophen Henri Bergson (1859–1941) in deutscher Sprache vorliegen, gibt es keine leicht zugängliche Darstellung seines Werks. Mit Scharfblick und Einfühlungsvermögen erklärt Kolakowski die wichtigsten Ideen Bergsons, die noch vor einigen Jahrzehnten eine breite europäische Öffentlichkeit erregten: Zeit und Bewegungslosigkeit, Intuition und Intellekt, Geist und Körper, Leben und Materie, Gesellschaft und Glaube. Kolakowski sieht in Bergson einen Schriftsteller, der die Grenzen akademischen Denkens überschreiten wollte. Er weiß Bergson sowohl gegen den »Irrationalismus«-Vorwurf als auch gegen die Anwürfe der katholischen Kirche zu verteidigen. Die knapp gehaltene Schrift ist als Einführung in das Werk Bergsons hilfreich, aber auch für den Kenner und Fachmann von Interesse.

Roger Willemsen
Robert Musil

Vom intellektuellen Eros
1985. 245 Seiten mit 16 Abbildungen. Serie Piper 5208

Robert Musils Werk kennzeichnet eine Synthese von Genauigkeit und Leidenschaft, die die Struktur seines Denkens abbildet. »Beiträge zur geistigen Bewältigung der Welt« wollte Musil geben, sein Werk enthält somit nicht allein das diagnostische Bild der bestehenden Wirklichkeit, sondern auch Bausteine einer Lebenslehre unter Maximen neuer Moral. Der vorliegende Band erläutert, warum Musil die Literatur unironisch »eine der wichtigsten Menschenangelegenheiten« nennen konnte. Die Studie versucht in paralleler Darstellung Lebensgeschichte und Werkgeschichte kenntlich werden zu lassen, sie eignet sich daher sowohl als hinführende wie als begleitende Lektüre zum Œuvre Musils.